كتاب البستان - KG1

# الأَنْشِطَةُ والتَّلْوينُ

## الجزء الأول

تأليف: سهير فخري طمليه

1

سلسلة عالمي الصغير
مع حروفي الأولى


كتاب البستان KGI

الأنشطة والتلوين

الجزء الأول


تدقيق         تأليف

د. تسنيم شيخ      سهير فخري طمليه


تصميم ومونتاج وإخراج

منال يوسف


الطبعة الأولى


2022

النتاجات المهمة التي نود أن يحصل عليها الطفل في هذه المرحلة العمرية وفي نهاية العام ومن خلال هذا المنهاج :

1- النطق الصحيح للحروف وبمخارج صحيحة .

2- معرفة شكل الحروف ورسمها، فبمجرد عرض الحرف على الطالب يستطيع معرفته وينطقه ببساطة ، وبشكل صحيح، مع التركيز على الأحرف المتشابهة بالشكل .

3- التمييز بين شكل الحروف وفق التصنيف الآتي:

✺الأحرف التي تأخذ نفس الشكل (بداية الكلمة ووسطها) لها شكلان فقط .

✺الأحرف التي لها أربعة أشكال، وهي ( العين والغين والهاء) .

✺الأحرف التي لا يتغير شكلها في بداية ونهاية الكلمة، ولا يمكن أن تتصل بغيرها من الحروف وهي (أ، و، ر، ز، د، ذ  )

✺الأحرف التي لا يتغير شكلها  لكن يمكن وصلها مع الحرف الذي يسبقها ( ط، ظ)

✺الحرف الذي يتصل بالحرف السابق فقط ويأتي دائما في نهاية الكلمة وهو (ى)

4- حـ ولنا زرع فكرة تصنيف هذه الأحرف في ذهن الطفل من خلال ( عمل كركتر للحرف يتناسب مع خصائص الحرف ) فالحفظ البصري من خلال كركترات جميلة يسهل على الأطفال حفظ هذه الخصائص .

5- للتخفيف على الأطفال تم فصل الألف المقصورة (ى) والهمزة (أ ) والتاء المربوطة (ة،ق) بدروس منفصلة تماما ليسهل التركيز عليها .

6 - يجب الاعتماد على استخدام أقلام التلوين (الشمع ، او البستيل ) العريضة أثناء حل التدريبات واستخدام اللون المطلوب في الدرس وهذا يفيد في :

- المساعدة في تمييز الأطفال للألوان .

- استخدام الألوان في الحل يشعر الطفل بأنه يمارس نشاط التلوين، وهذا يكسر الملل.

- كون هذه الألوان عريضة تساعد في تقوية عضلات أيدي الأطفال في هذه المرحلة العمرية، وبالتالي قدرتهم على التحكم والكتابة بقلم الرصاص فيما بعد تكون أسهل.

- عدم استخدام الممحاة في هذه المرحلة العمرية مهم جدًا في دعم ثقة الطفل بنفسه وتقبل كل ما يكتب بحب مع التعديل بلطف .

- كتابة الأحرف بإتقان في هذه المرحلة العمرية غير مطلوب ، المهم تعزيز جهدهم المبذول وثقتهم بأنفسهم، وأنهم مميزون وقادرون على التعلم .

**بعض الشروحات بخصوص تدريبات الكتاب :**

**المدخل للحرف : التمييز النطقي السمعي للحرف :**

وهو تمرين جماعي تحاول فيه المعلمة التركيز على نطق الحرف والمخارج الخاصة بالحرف، ومكن اللسان في الفم عند نطق الحرف ، ثم تبدأ المعلمة في محاولة سماع كل طفل

كيف ينطق الحرف، والتصحيح له مع أخذ ملاحظات عن الأطفال الذين توجد لديهم صعوبة في نطق الحرف بالمخارج الصحيحة. لإرسال توضيح للأم يخص ضرورة تدريب طفلها على نطق الحرف فقط ، وعلى المعلمة متابعته بشكل مستمر من خلال الحصص المتلاحقة، ورصد التطور في نطقه ، مع ملاحظة أن بعض الأطفال ربما يحتاجون لمساعدة طبية (أخصائي نطق ) والمعلمة خير من يستطيع أن يحكم على هذا الموضوع.



**التمرين الأول** : هو تجريد الحرف، ونركز هنا على تعريف الطفل بشكل الحرف، إذ معظم حروف اللغة العربية لها شكلان كما تم التوضيح سابقا.

**التمرين الثاني** : التأكد من أنّ الطفل يميز شكل الحرف .

**التمرين الثالث** : نحقق أكثر من هدف في هذا التمرين، مثل: رفع قدرة الطفل على البحث والتركيز، واللعب والمتعة ، واستخراج الحرف المطلوب من بين مجموعة حروف .

**التمرين الرابع** : أيضا التأكد من قدرة الطالب على تمييز الحرف بين باقي الحروف وأيضا التحكم بقلم التلوين من خلال القدرة على التوصيل .

**التمرين الخامس** : يتم نقل الطفل من مرحلة التعامل مع الصور إلى التعامل مع الكلمات بدون صور تمهيدا للمستوى الأعلى، والذي سوف يبدأ فيه بالتعامل مع الكلمات بشكل أوسع، وهو الأساس لتعلم التهجئة للأطفال فيما بعد. نهتم هنا في تَنمية قدرة الطفل على تمييز الحرف المطلوب من بين حروف الكلمة الواحدة، واعتمدنا هنا على حجم الخط لمساعدة الطفل على تمييز الحرف ، المعلمة تقرأ بهدوء الكلمات والطفل عليه أنه يوصل الكلمة بالشكل الصحيح للحرف، ما أمكنه ذلك.

**التمرين السادس ( الكتابة )** : هنا اخترنا أن يكتب الطفل في **مربع** وليس على السطر وذلك للشعور بالحرية وأنه ليس مقيدًا بسطر، وطبعا بالتدريج سوف نأخذ بيده ونعلمه الكتابة على السطر . نبدأ بتوضيح كيفية كتابة الحرف من خلال **رسم توضيحي بالأسهم** ثم ننتقل إلى كتابة الحرف **بخط باهت** وعلى الطفل الكتابة فوقه ، ثم **النقاط** وعلى الطفل وصل النقاط وكتابة الحرف، ثم **نقطة بداية ونقطة نهاية للحرف** ، ثم مربع فارغ نترك للطفل حرية كتابة الحرف فيه، هذا التدرج يساعد الطفل في تعلم الكتابة وكأنه في لعبة ينتقل فيها من الأسهل للأصعب وطبعا هذا بتوجيه من المعلمة .

**التمرين السابع** : فقط موجود في حرف الباء ، وهو مدخل لتعريف الطفل بحركة السكون من خلال كركتر جميل ، ولا نهدف أبدا أن نطلب من الطفل رسم السكون فوق الكلمات لكن الأصل في نطق الحروف أن تكون ساكنة، وهو الصوت الأول الذي يتعلمه الطفل قبل البدء بتعلم أصوات الحروف مع المد الطويل ومع الحركات. وهذا يأتي في مرحلة دراسية لاحقة ، وليس في هذه المرحلة العمرية .

**كل التحية والاحترام مني سهير طمليه**

# الفهرس

# الْأَنْشِطَة

# وَالتَّلْوِين

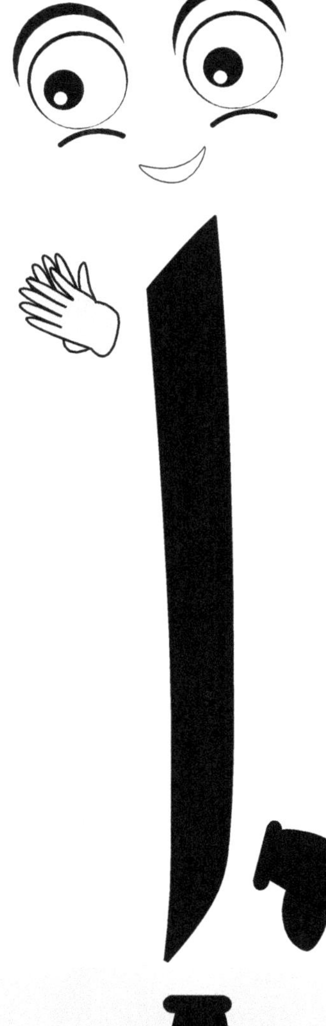

✿ هَيَّا لِنَسْمَعْ صَوْتَ حَرْفِ الْمَدِّ (ا)

✿ وَنَنْطِقْهُ سَوِيًّا

🎙 لِنُرَدِّدْ مَعًا صَوْتَ حَرْفِ الْمَدِّ (ا)؟

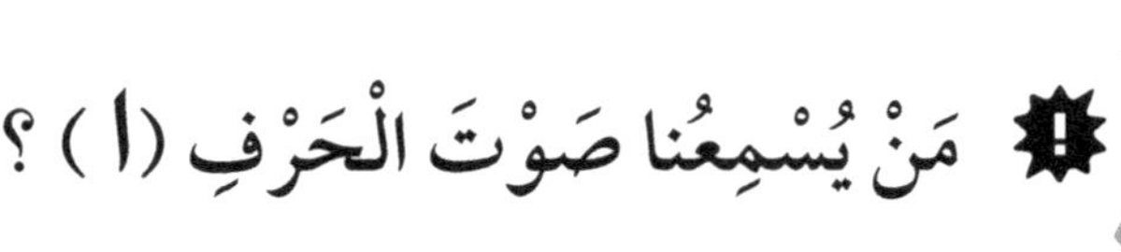

✿ مَنْ يُسْمِعُنا صَوْتَ الْحَرْفِ (ا)؟

✿ أَنْطِقُ اسْمِي، وَإِذا سَمِعْتُ صَوْتَ حَرْفِ الْمَدِّ (ا) أَرْفَعُ يَدِي لِكَيْ أَنْطِقَ اسْمِي أَمَامَ الصَّفِّ

✿ أَبْحَثُ عَنْ شَيْءٍ مَوْجودٍ حَوْلِي وَعِنْدَما أَنْطِقُ اسْمَهُ أَسْمَعُ صَوْتَ حَرْفِ الْمَدِّ (ا)؟

أَحِبّائي الصِّغارَ، أَرْجو أَنْ تَسْتَخْدِموا قَلَمَ التَّلْوينِ الْأَحْمَرَ في حَلِّ هَذِهِ التَّمارينِ:

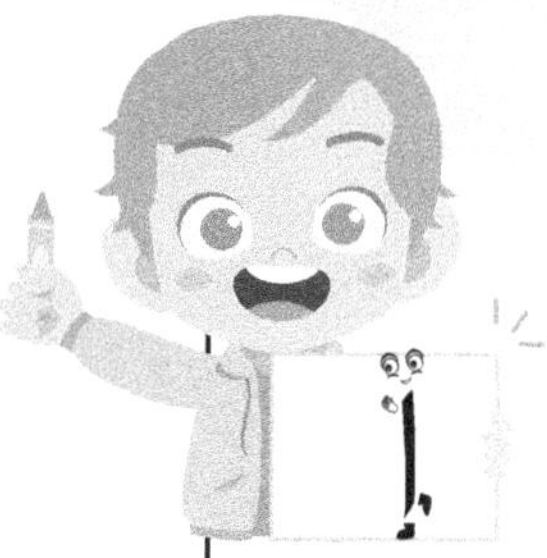

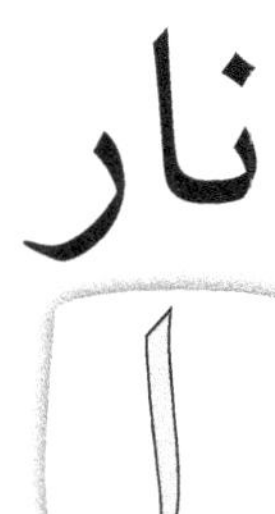

## هَيَّا نَتَعَلَّمْ رَسْمَ حَرْفِ الْأَلِف (ا)

**1** أُمَيِّزُ شَكْلَ الْحَرْفِ (ا)، أَنْظُرُ جَيِّدًا لِأَتَعَرَّفَ إِلَيهِ، وَأُعيدُ عَلَيْهِ بِلَوْني الْأَحْمَرِ.

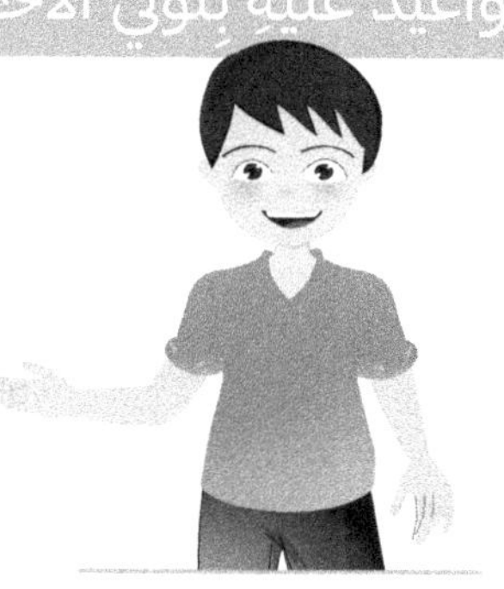

رامي

ا

نار

ا

## هَيَّا بِنا نَلْعَبْ مَعَ حَرْفِ الْأَلِفِ (ا)، وَنُمَيِّزْهُ عَنْ بَاقي الْحُروفِ:

**2** أُشيرُ إِلى الشّاشَةِ الَّتي تَحْوي حَرْفَ الْأَلِفِ الْمَمْدودَةِ (ا)، أَجِدُ الْحَرْفَ ثُمَّ أُلَوِّنُهُ.

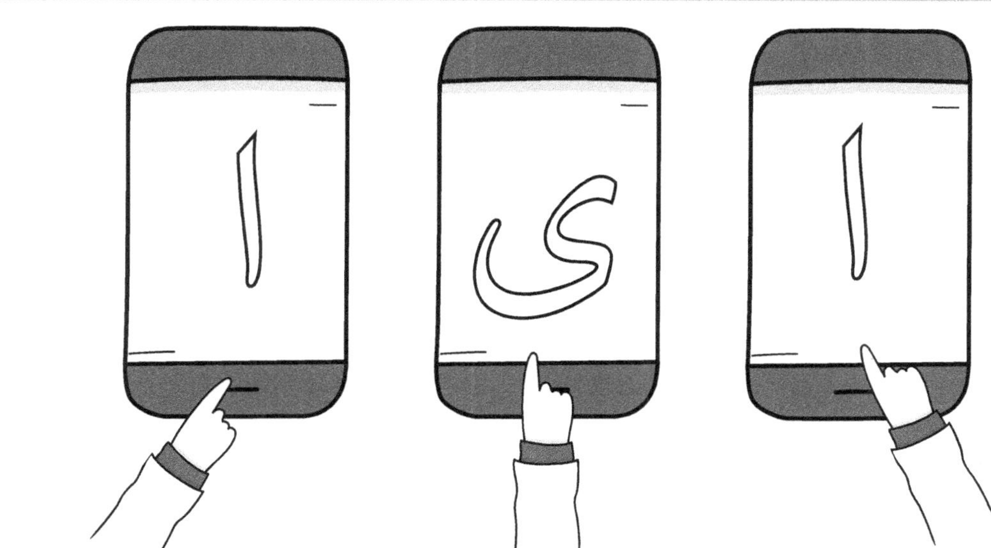

أُرَكِّزُ، ثُمَّ أَبْحَثُ عَنْ حَرْفِ الأَلِفِ الْمَمْدُودَةِ (ا) الْمُخْتَبِئِ في هذِهِ الصّورَةِ الْجَميلَةِ

4

أُمْسِكُ بِالْقِطَّةِ الَّتي تَحْمِلُ حَرْفَ الأَلِفِ الْمَمْدُودَةِ (ا)، وَأَرْسُمُ لَها خَطًّا كَيْ أُساعِدَها في الْوُصولِ إلى بَيْتِها.

نار

سالِم

سامي

رامي

ا

## 6 هَيّا بِنا نَكْتُبْ حَرْفَ ( ا )

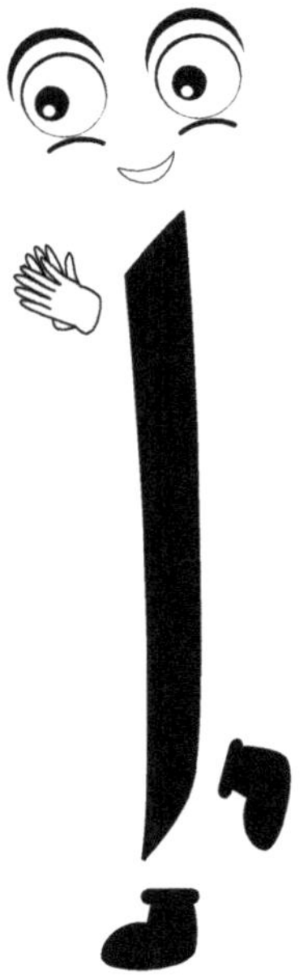

أُكْمِلُ الرَّسْمَةَ ، لِكَي أُعَبِّرَ عَنْ شُعوري بَعْدَ أَنْ تَعَلَّمْتُ حَرْفَ الْأَلِف ؟

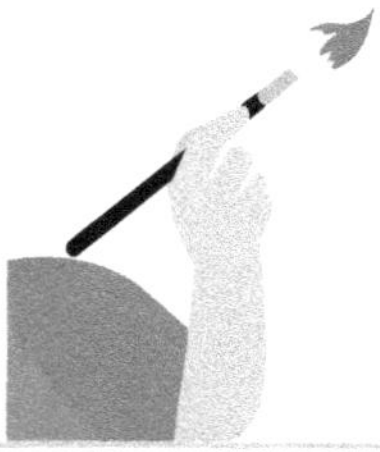

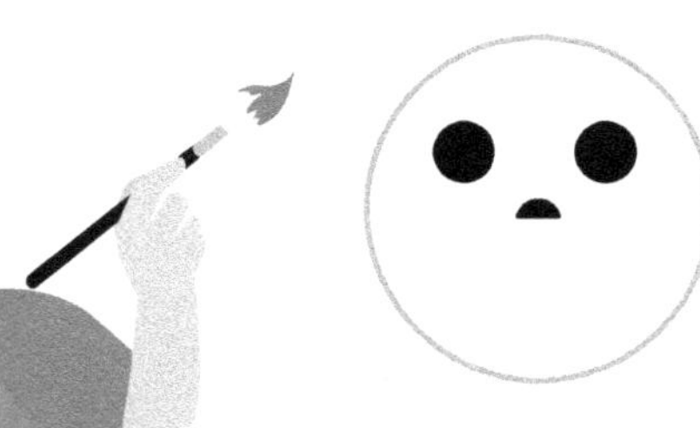

✸ هَيَّا لِنَسْمَعْ صَوْتَ حَرْفِ الْياءِ (ي، يـ )، وَنَنْطِقْهُ سَوِيًّا:

🎤 لِنُرَدِّدْ مَعًا صَوْتَ الْحَرْفِ (ي )

✸ مَنْ يُسْمِعُنا صَوْتَ الْحَرْفِ (ي )؟

✸ هَلْ تَسْمَعُ صَوْتَ الْحَرْفِ (ي ) عِنْدَ نُطْقِ اسْمِكَ؟

🔍 أَبْحَثُ عَنْ شَيْءٍ مَوْجودٍ حَوْلي وَعِنْدَما أَنْطِقُ اسْمَهُ أَسْمَعُ صَوْتَ حَرْفِ (ي)؟

هَيَّا نَتَعَلَّمْ رَسْمَ حَرْفِ الْمَدِّ الْياءِ (ي، ي)

**1** أُمَيِّزُ شَكْلَ الْحَرْفِ (ي، ي)، أَنْظُرُ جَيِّدًا لِأَتَعَرَّفَ إِلَيْهِ، وَأُعيدُ عَلَيْهِ بِلَوْنِي الْأَحْمَرِ

تين

ي

رامي

ى

هَيَّا بِنا نَلْعَبْ مَعَ حَرْفِ الْمَدِّ (ي، ي)، وَنُمَيِّزُهُ عَنْ باقي الْحُروفِ:

**2** أُشيرُ إِلَى الشَّاشَةِ الَّتي تَحْوي حَرْفَ الْمَدِّ الْياءَ (ي، ي)، ثُمَّ أُلَوِّنُهُ.

أُكَرِّرُ، ثُمَّ أَبْحَثُ عَنْ حَرْفِ الْمَدِّ (ي ، ـي) الْمُخْتَبِئِ في هذِهِ الصّورَةِ الْجَميلَةِ.

4

أُمْسِكُ بِالْقِطّةِ الّتي تَحْمِلُ حَرْفَ الْمَدِّ (ي ، ـي)، وَأَرْسُمُ لَها خَطًّا لِكَيْ أُساعِدَها في الْوُصولِ إلى بَيْتِها.

بير

سامي

رامي

عَبير

ي

ـي

## هَيّا بِنا نَكْتُبْ حَرْفَ (ي ، يـ)

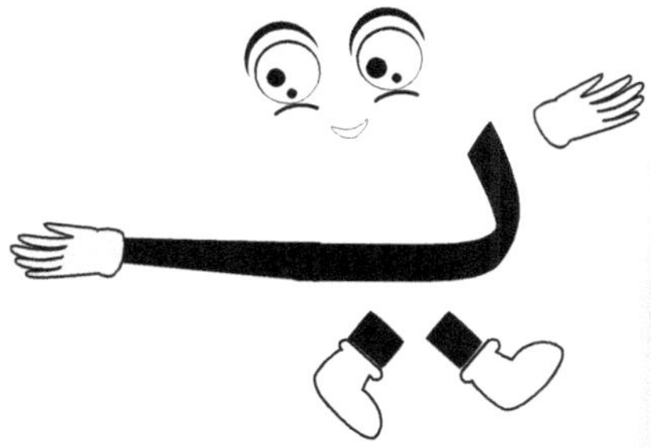

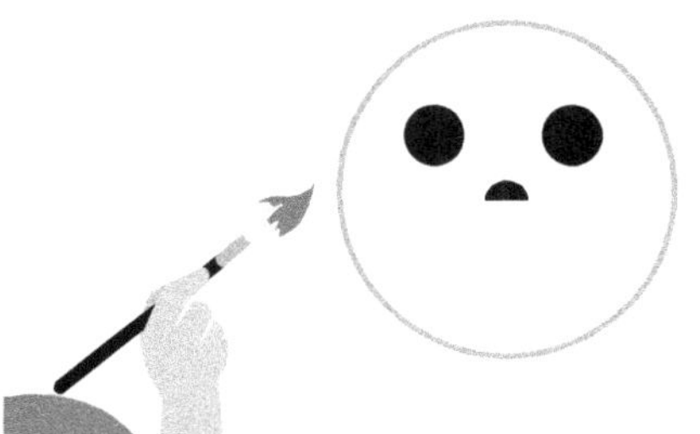

أُكْمِلُ الرَّسْمَةَ ، لِكَي أُعَبِّرَ شُعوري بَعْدَ أَنْ تَعَلَّمْتُ حَرْفَ الياءِ ؟

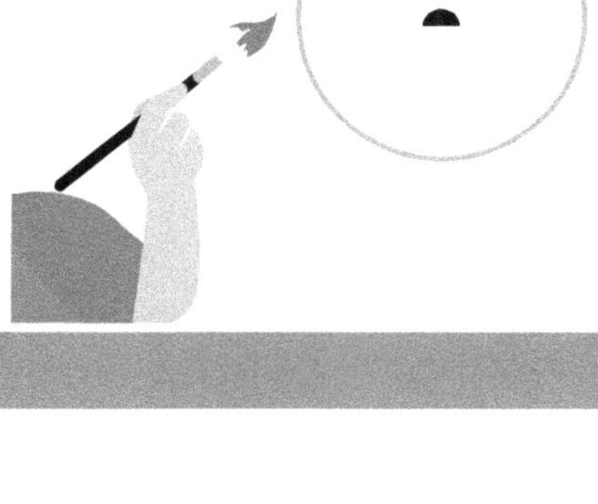

❋ هَيَّا لِنَسْمَعْ صَوْتَ حَرْفِ الواو (و)، وَنَنْطِقْهُ سَوِيًّا:

🎙 لِنُرَدِّدْ مَعًا صَوْتَ الْحَرْفِ (و)

❋ مَنْ يُسْمِعُنا صَوْتَ الْحَرْفِ (و)؟

❋ هَلْ تَسْمَعُ صَوْتَ الْحَرْفِ (و) عِنْدَ نُطْقِ اسْمِكَ؟

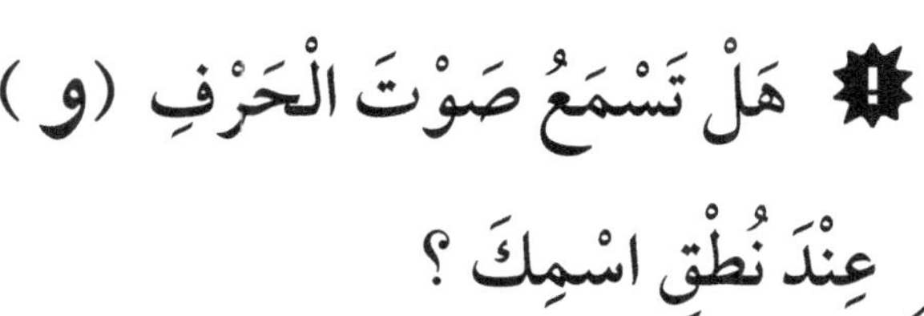

🔍 أَبْحَثُ عَنْ شَيْءٍ مَوْجودٍ حَوْلي وَعِنْدَما أَنْطِقُ اسْمَهُ أَسْمَعُ صَوْتَ حَرْفِ (و)؟

**1** أُمَيِّزُ شَكْلَ الْحَرْفِ (و)، أَنْظُرُ جَيِّدًا لِأَتَعَرَّفَ إِلَيْهِ، وَأُعِيدُ عَلَيْهِ بِلَوْنِي الْأَحْمَرِ

تُوت

و

هَيَّا بِنَا نَلْعَبْ مَعَ حَرْفِ (و) :

**2** أُشِيرُ إِلَى الشَّاشَةِ الَّتِي تَحْوِي حَرْفَ الْوَاوِ (و)، أَجِدُهُ، ثُمَّ أُلَوِّنُهُ.

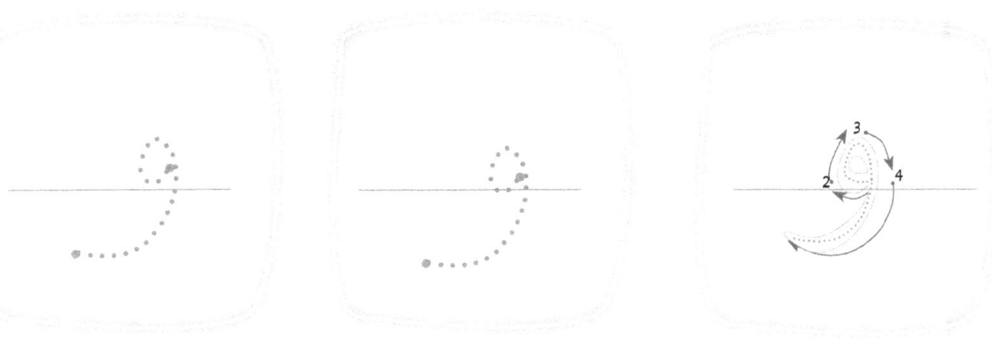

أُكْمِلُ الرَّسْمَةَ، لِكَيْ أُعَبِّرَ عَنْ

شُعوري بَعْدَ أَنْ تَعَلَّمْتُ حَرْفَ الواو؟

❊ هَيَّا لِنَسْمَعْ صَوْتَ حَرْفِ الباءِ (ب ، بـ)، وَنَنْطِقْهُ سَوِيًّا:

🎤 لِنُرَدِّدْ مَعًا صَوْتَ الْحَرْفِ (ب)

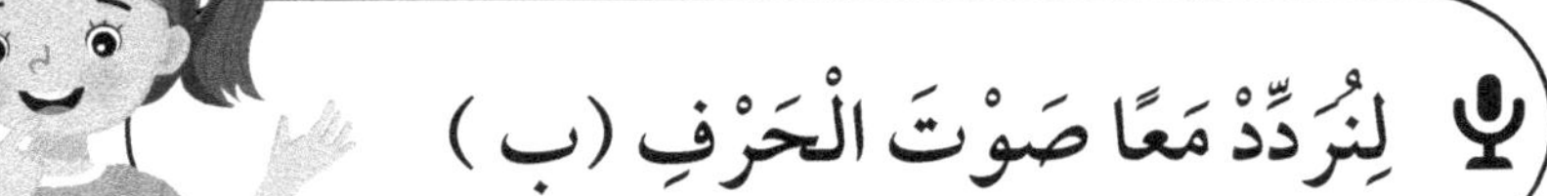

❊ مَنْ يُسْمِعُنا صَوْتَ الْحَرْفِ (ب)؟

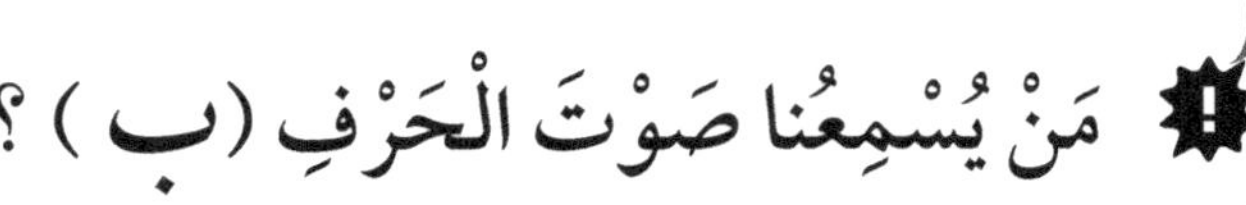

❊ هَلْ تَسْمَعُ صَوْتَ الْحَرْفِ (ب) عِنْدَ نُطْقِ اسْمِكَ؟

🔍 أَبْحَثُ عَنْ شَيْءٍ مَوْجُودٍ حَوْلي وَعِنْدَما أَنْطِقُ اسْمَهُ أَسْمَعُ صَوْتَ حَرْفِ (ب)؟

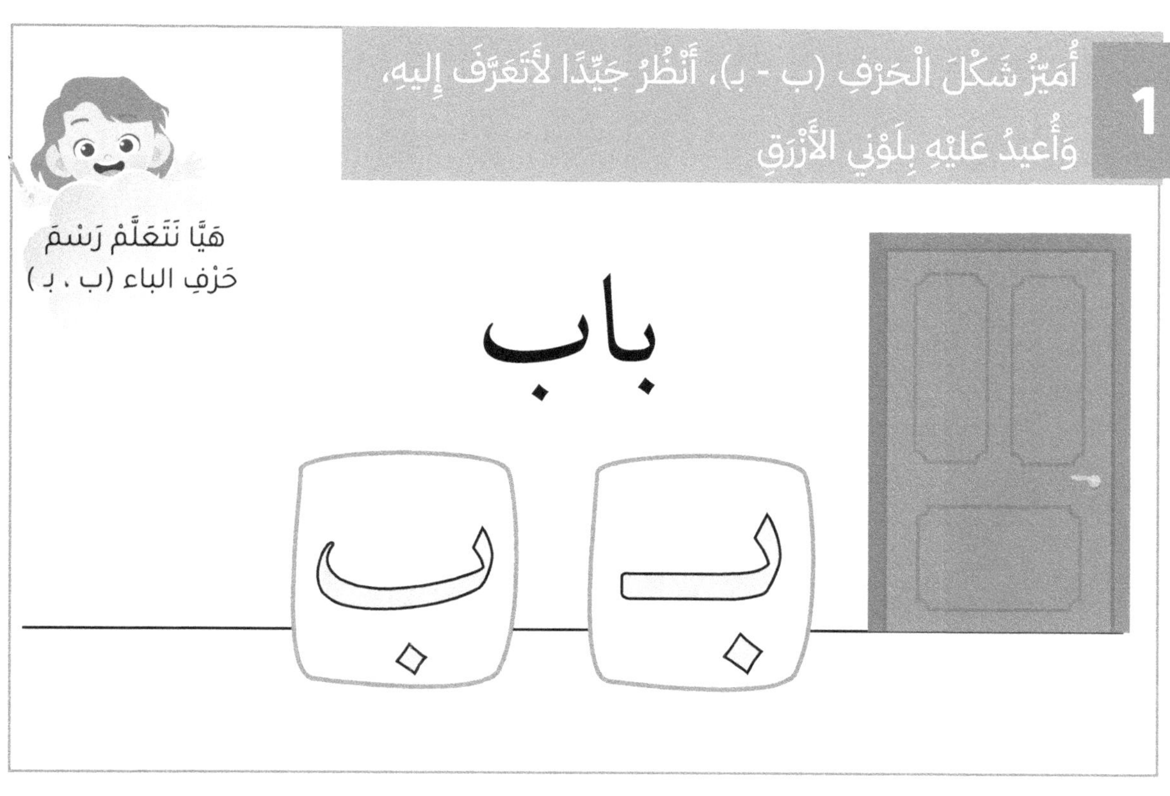

أُمَيِّزُ شَكْلَ الْحَرْفِ (ب - بـ)، أَنْظُرُ جَيِّدًا لِأَتَعَرَّفَ إِلَيْهِ، وَأُعِيدُ عَلَيْهِ بِلَوْنِي الْأَزْرَقِ
هَيَّا نَتَعَلَّم رَسْمَ حَرْفِ الباء (ب ، بـ)
باب
بـ
ب


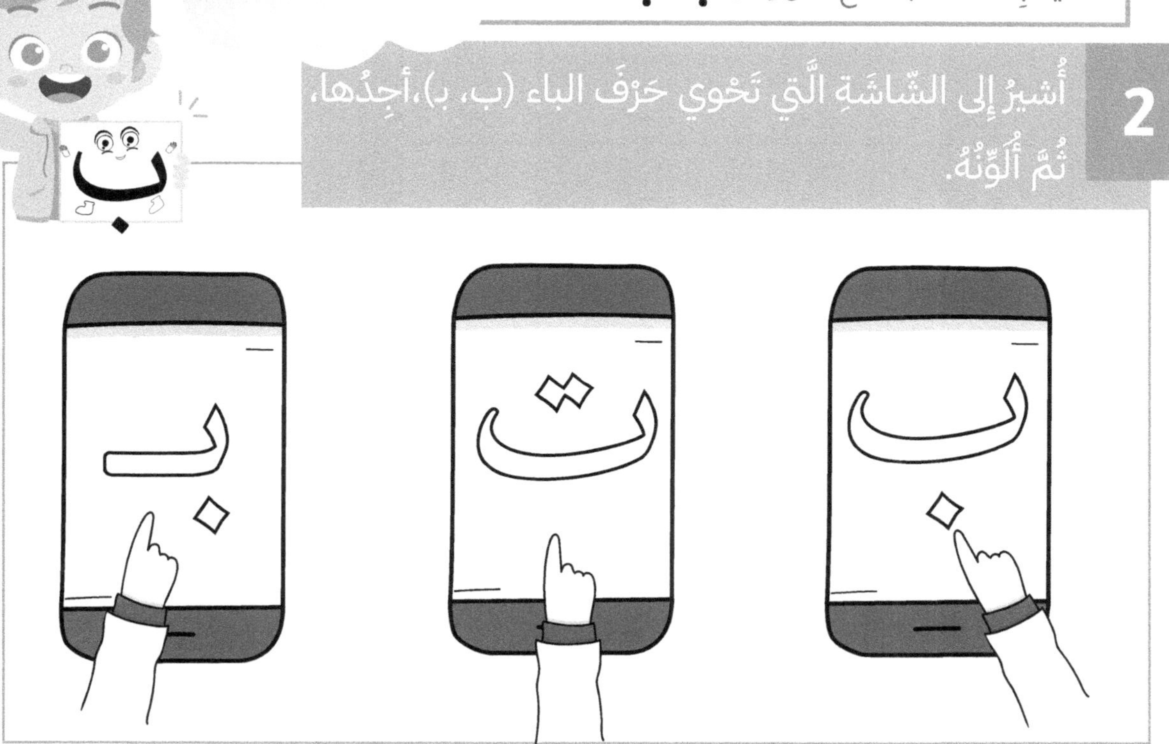

أَحِبّائي الصِّغارَ أَرْجو أَنْ تَسْتَخْدِموا قَلَمَ التَّلْوينِ الْأَزْرَقَ في حَلِّ هَذِهِ التَّمارينِ.
هَيَّا بِنا نَلْعَبْ مَعَ حَرْفِ (ب ، بـ) :
ب
2
أُشيرُ إِلى الشّاشَةِ الَّتي تَحْوي حَرْفَ الباء (ب، بـ)، أَجِدُها، ثُمَّ أُلَوِّنُهُ.
بـ
ت
ب

أُرَكِّزُ، ثُمَّ أَبْحَثُ عَن حَرْفِ (ب ، بـ) الْمُخْتَبِئِ في هذهِ الصّورَةِ الْجَميلَةِ.

أُمْسِكُ بِالْقِطَّةِ الّتي تَحْمِلُ حَرْفَ الباءِ (ب ، بـ)، وَ أَرْسُمُ لَها خَطّا لِكي أُساعِدُها في الْوُصولِ إلى بَيْتِها.

كِتاب

ب

بَيْت

ب

حَليب

بَطَّة

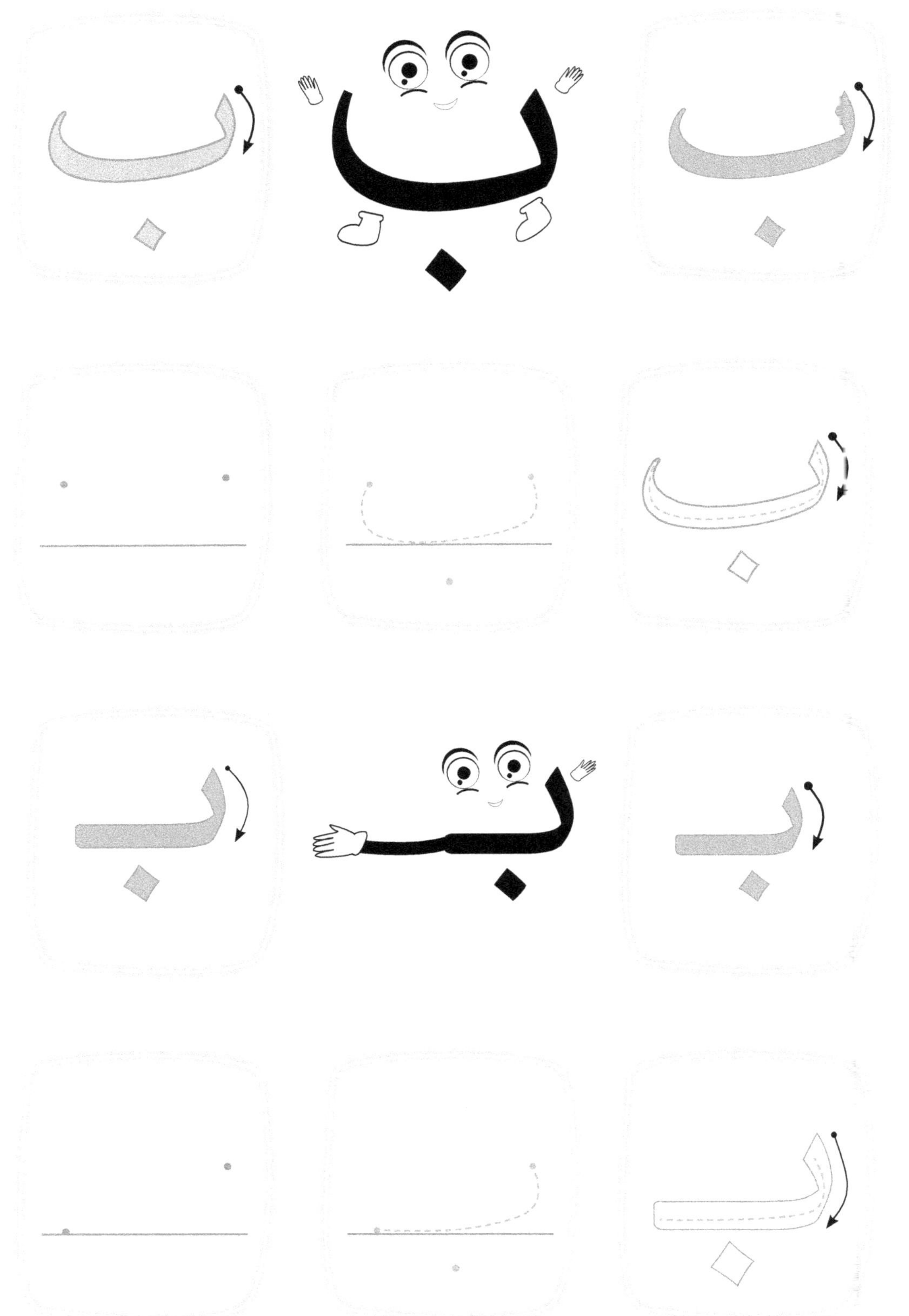

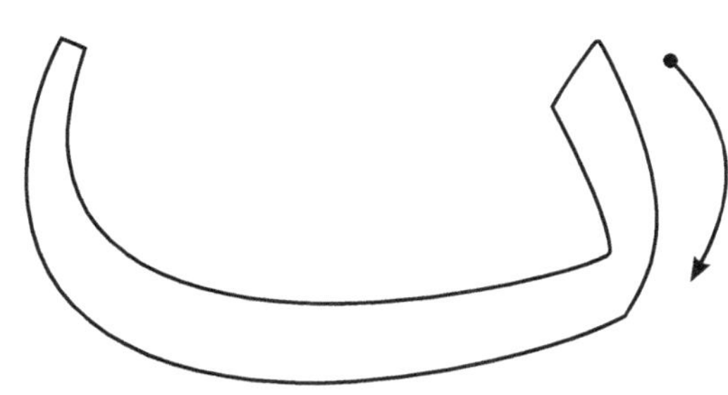

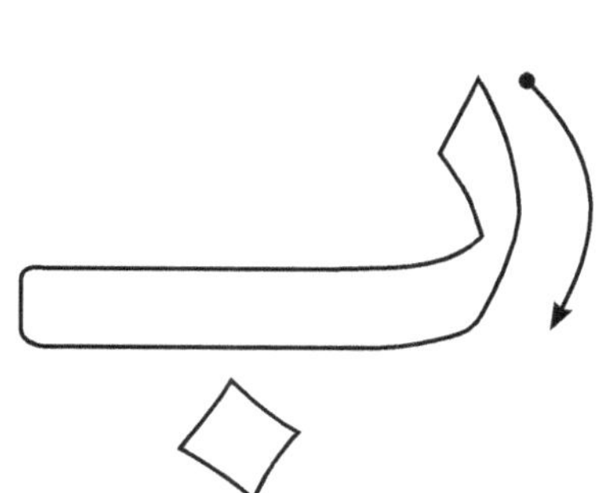

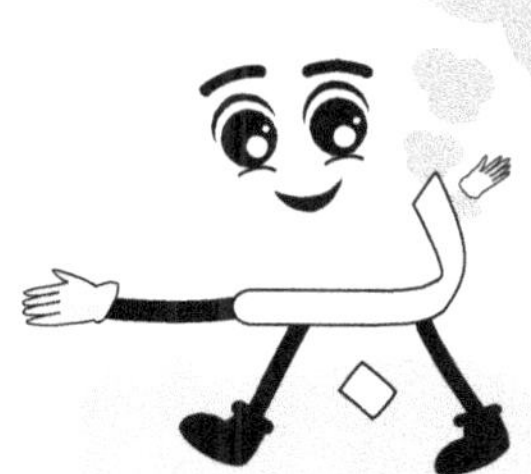

أُكْمِلُ الرَّسْمَةَ ، لِكَيْ أُعَبِّرَ عَنْ شُعوري بَعْدَ أَنْ تَعَلَّمْتُ حَرْفَ الْباءِ ؟

هَيَّا لِنَسْمَعْ صَوْتَ حَرْفِ الْمِيمِ (مْ) وَنَنْطِقْهُ سَوِيًّا :

مَنْ يُسْمِعُنَا صَوْتَ (مْ)؟

لِنُرَدِّدْ مَعًا صَوْتَ (مْ)؟

هَلْ تَسْمَعُ صَوْتَ (مْ) عِنْدَ نُطْقِ اسْمِكَ؟

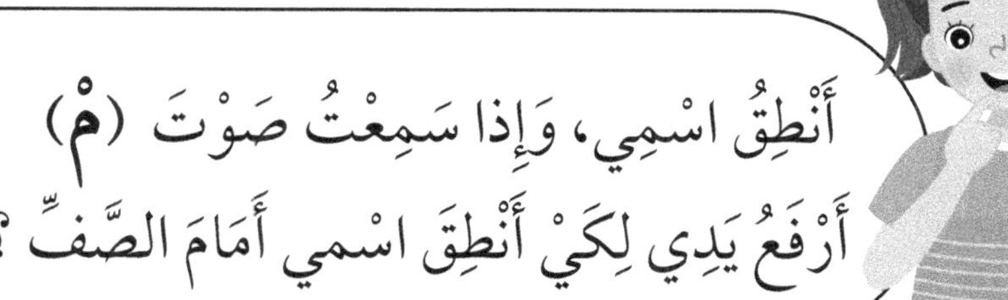

أَنْطِقُ اسْمِي، وَإِذا سَمِعْتُ صَوْتَ (مْ) أَرْفَعُ يَدِي لِكَيْ أَنْطِقَ اسْمِي أَمَامَ الصَّفِّ؟

عِنْدَما تُنادي عَلَى أَحَدِ أَفْرادِ أُسْرَتِكَ هَلْ تَسْمَعُ صَوْتَ (مْ)؟

أَبْحَثُ عَنْ شَيْءٍ مَوْجودٍ حَوْلي، وَعِنْدَما أَنْطِقُ اسْمَهُ أَسْمَعُ صَوْتَ (مْ)؟

هَيَّا نَتَعَلَّمْ رَسْمَ حَرْفِ الْميمِ ( م ، مْ )

**1** أُمَيِّزُ شَكْلَ الْحَرْفِ ( م ، مـ)، أَنْظُرُ جَيِّدًا لأَتَعَرَّفَ إِليهِ، وَأُعيدُ عَلَيْهِ بِلَوْني الأَزْرَقِ

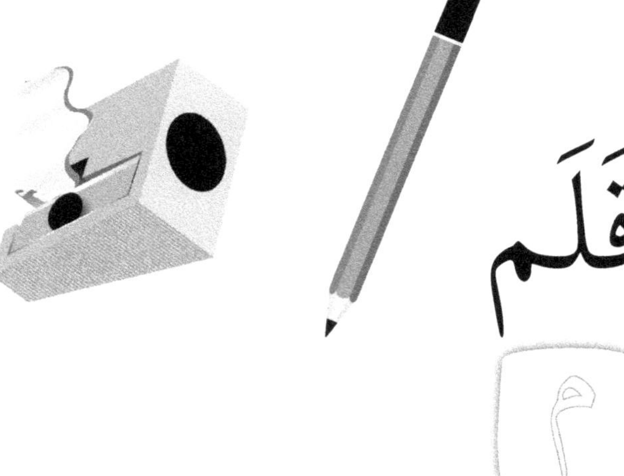

قَلَم

مبْراة

هَيَّا بِنا نَلْعَبْ مَعَ حَرْفِ الميمِ ( م، مـ )وَ نُمَيِّزْهُ عَنْ باقي الْحُروفِ:

**2** أُشيرُ إِلَى الشّاشَةِ الَّتي تَحْوي حَرْفَ الميمِ ( م ، مـ)، أَجِدُه. ثُمَّ أَلَوِّنُهُ.

ماما

مـ

حَمام

رامي

بوم

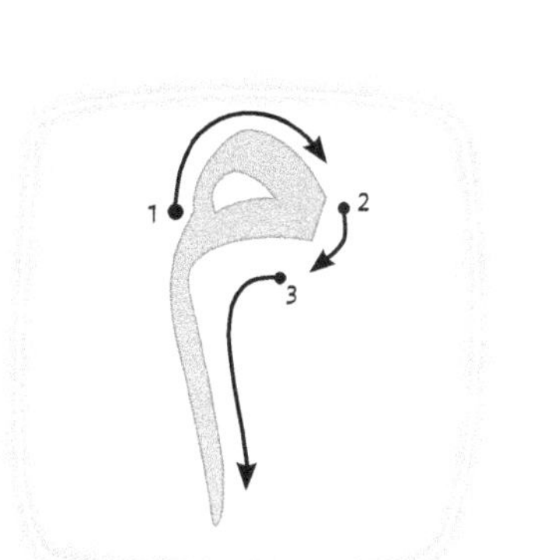

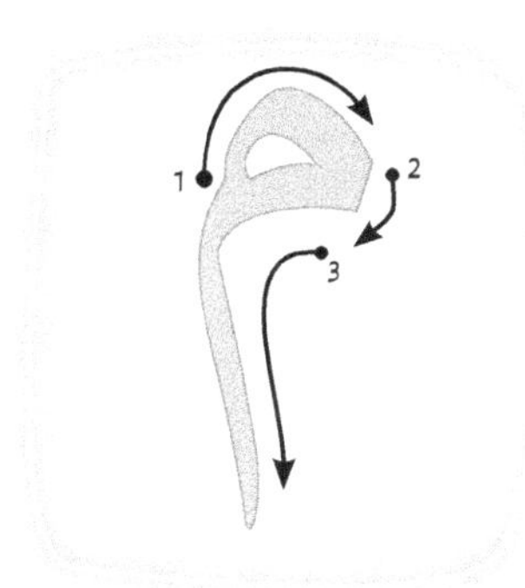

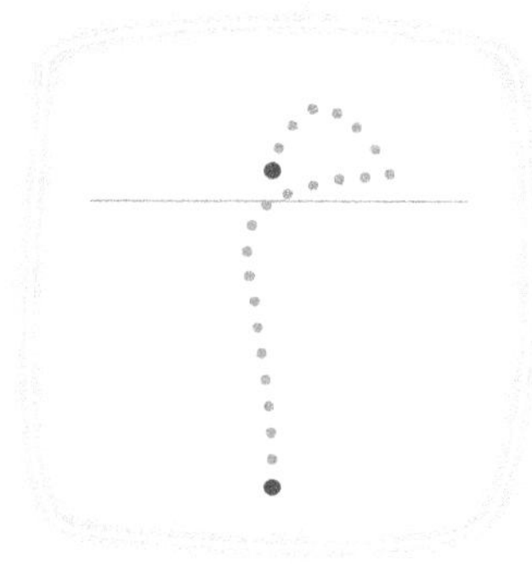

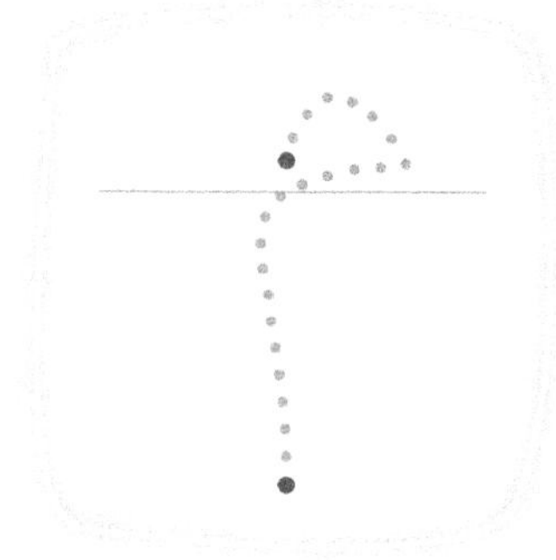

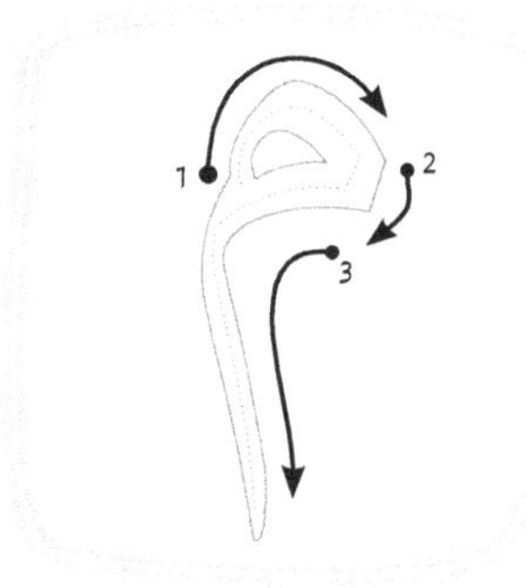

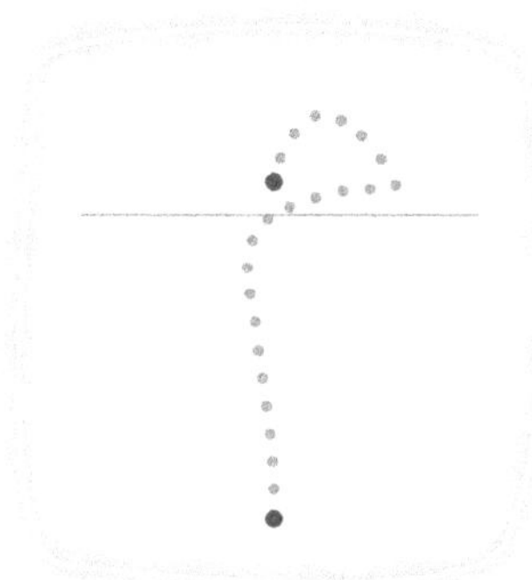

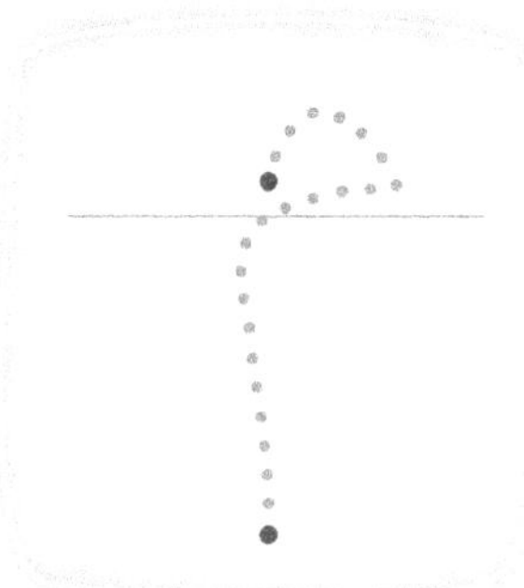

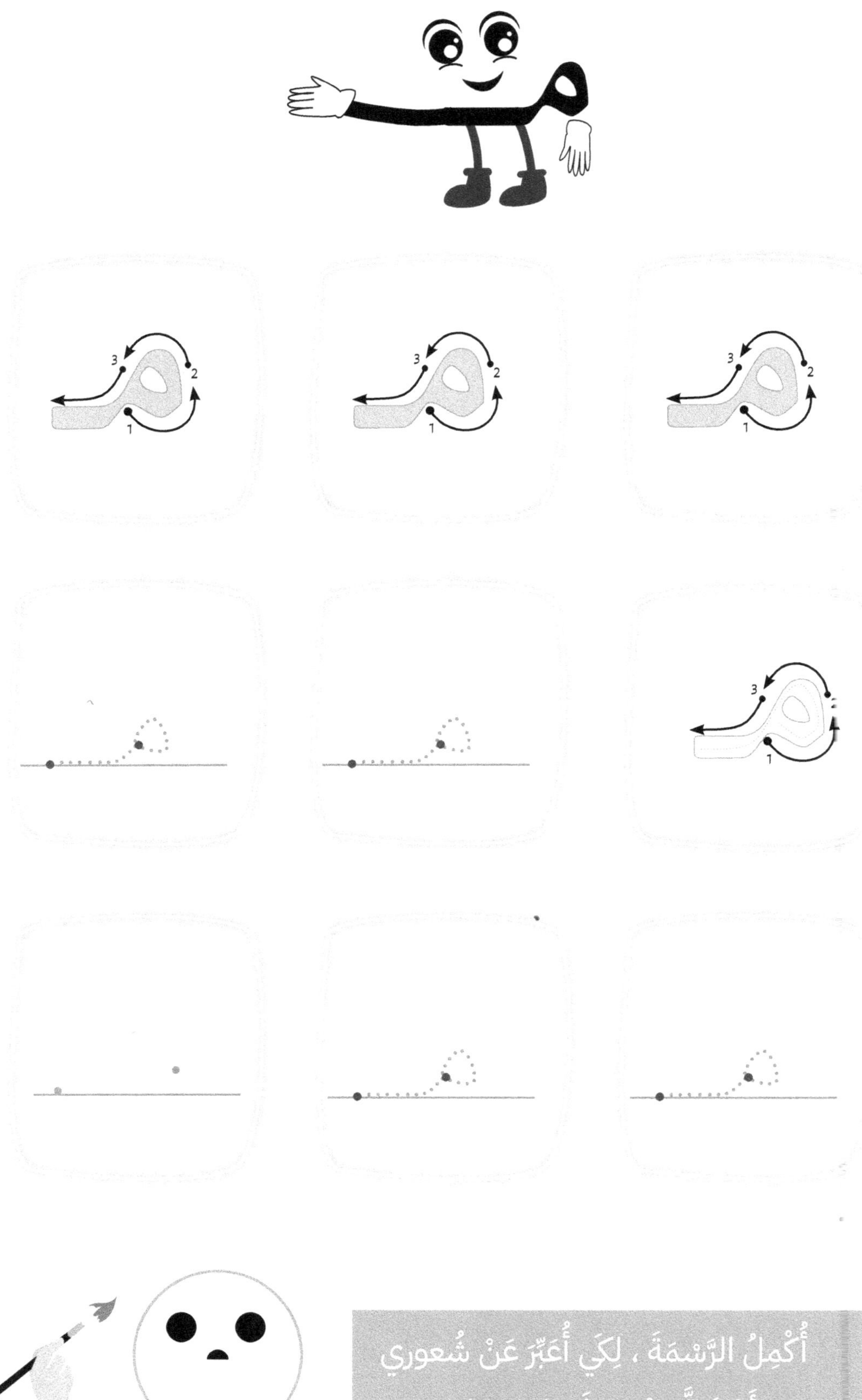


أُكْمِلُ الرَّسْمَةَ ، لِكَي أُعَبِّر عَنْ شُعوري
بَعْدَ أَنْ تَعَلَّمْتُ حَرْفَ (م ، مـ).

هَيَّا لِنَسْمَعْ صَوْتَ حَرْفِ السِّين (س – سـ) وَنَنْطِقْهُ سَوِيًّا :

لِنُرَدِّدْ مَعًا صَوْتَ حَرْفِ (س )

مَنْ يُسْمِعُنا صَوْتَ الْحَرْفِ (س )؟

هَلْ تَسْمَعُ صَوْتَ حَرْفِ (س ) عِنْدَ نُطْقِ اسْمِكَ ؟

أَنْطِقُ اسْمِي، وَإِذا سَمِعْتُ صَوْتَ (س ) أَرْفَعُ يَدِي لِكَيْ أَنْطِقَ اسْمِي أَمَامَ الصَّفِّ ؟

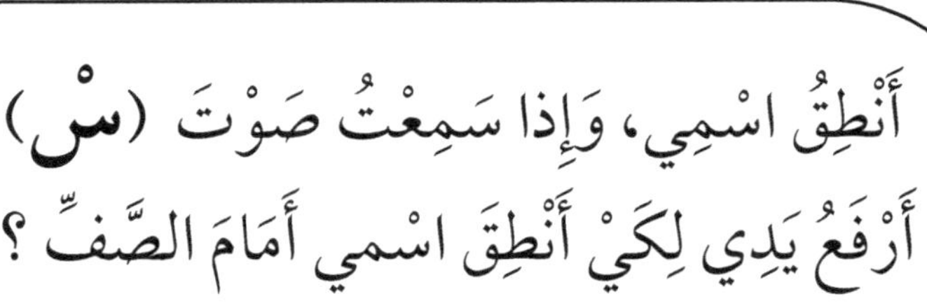

عِنْدَما تُنادي عَلَى أَحَدِ أَفْرادِ أُسْرَتِكَ هَلْ تَسْمَعُ صَوْتَ (س )؟

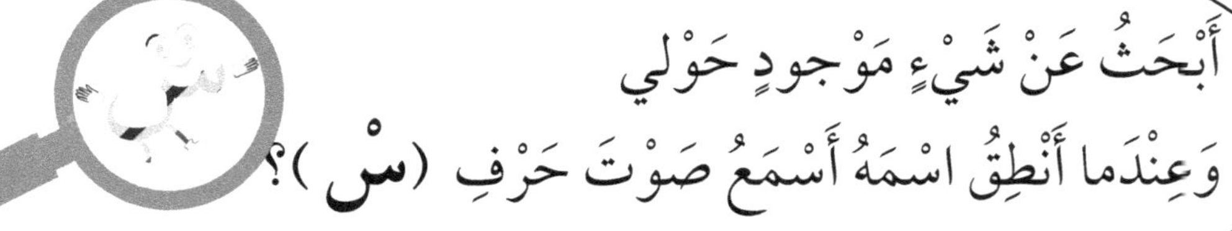

أَبْحَثُ عَنْ شَيْءٍ مَوْجودٍ حَوْلي وَعِنْدَما أَنْطِقُ اسْمَهُ أَسْمَعُ صَوْتَ حَرْفِ (س )؟

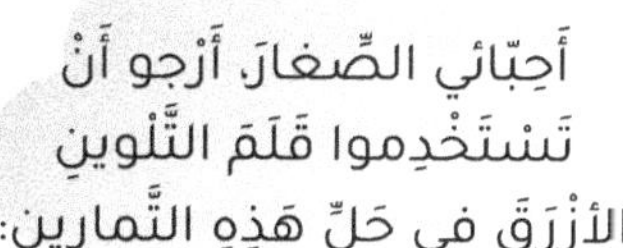

هَيَّا نَتَعَلَّمْ رَسْمَ حَرْفِ السين (س ـ سـ)

**1** أُمَيِّزُ شَكْلَ الْحَرْفِ (س - سـ)، أَنْظُرُ جَيِّدًا لأَتَعَرَّفَ إِلَيهِ، وَأُعيدُ عَلَيهِ بِلَوْني الأَزْرَقِ

بَسبوسة

سـ

فَرَس

س

هَيَّا بِنا نَلْعَبْ مَعَ حَرْفِ السين (س،سـ)

وَ نُمَيِّزُهُ عَنْ بَاقي الْحُروفِ:

**2** أُشيرُ إلى الشّاشَةِ الَّتي تَحْوي حَرْفَ السين (س ، سـ) ،أَجِدُهُ، ثُمَّ أُلَوِّنُهُ..

أُرَكِّزُ، ثُمَّ أَبْحَثُ عَن حَرْفِ (سـ ، س) الْمُخْتَبِئِ في هذهِ الصّورَةِ الْجَميلَةِ.

أُمْسِكُ بِالسِّنْجابِ الّذي يَحْمِلُ حَرْفَ (سـ - س) وأَرْسُمُ له خَطًّا لكي أُساعده في الْوُصولِ إلى بَيْتِهِ.

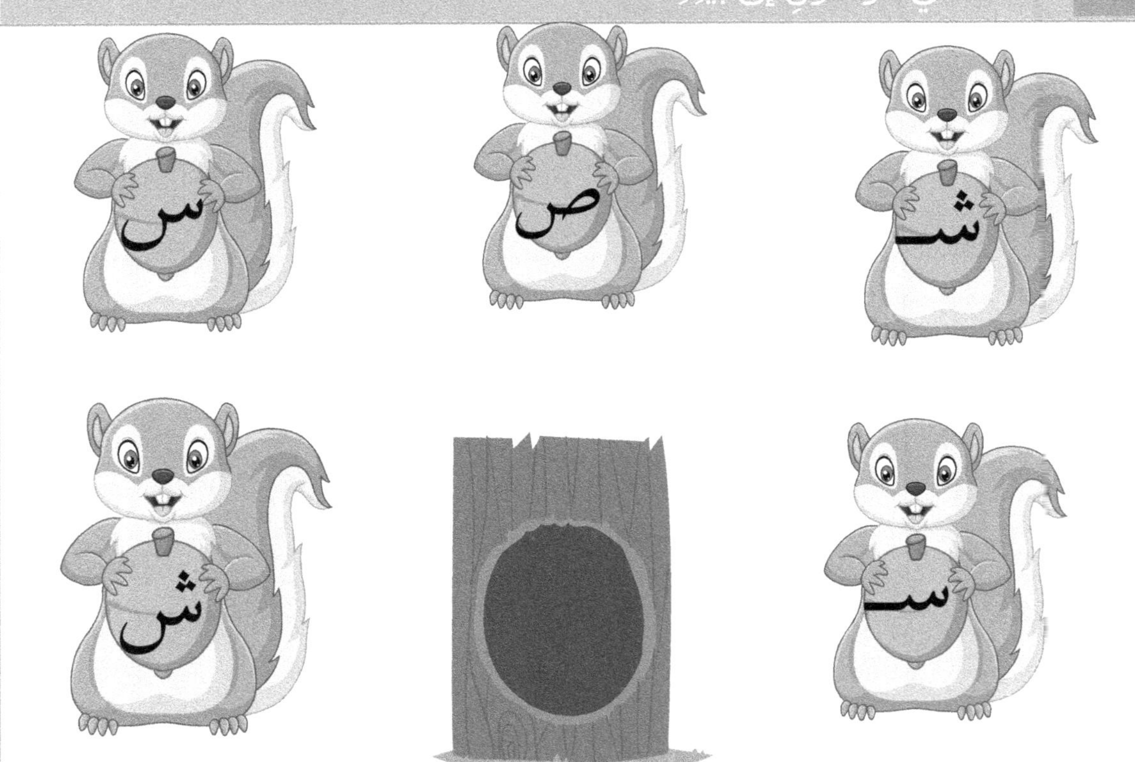

سوس

سامي

بُسْتان

دَرْس

س

سـ

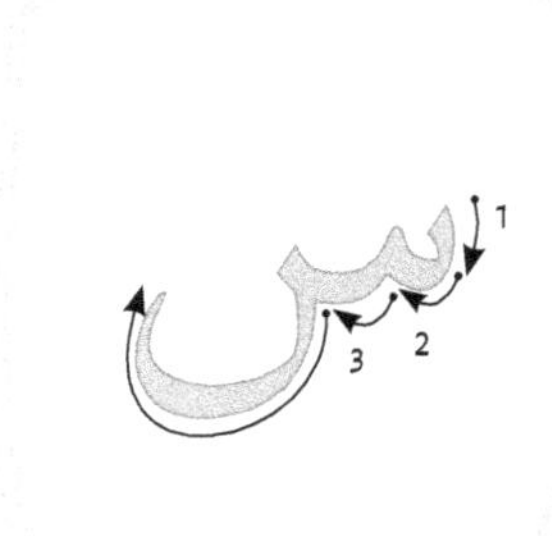

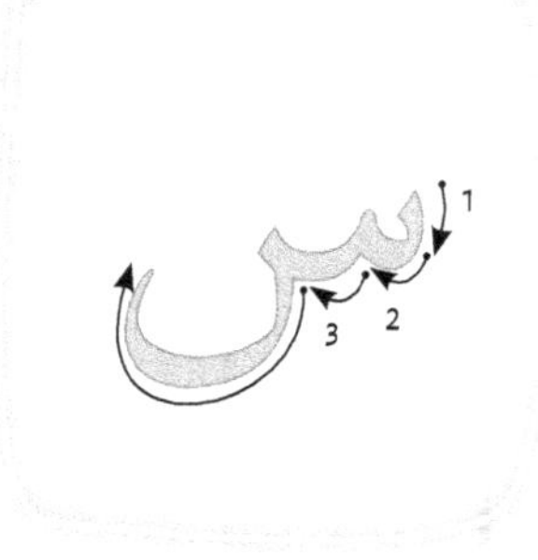

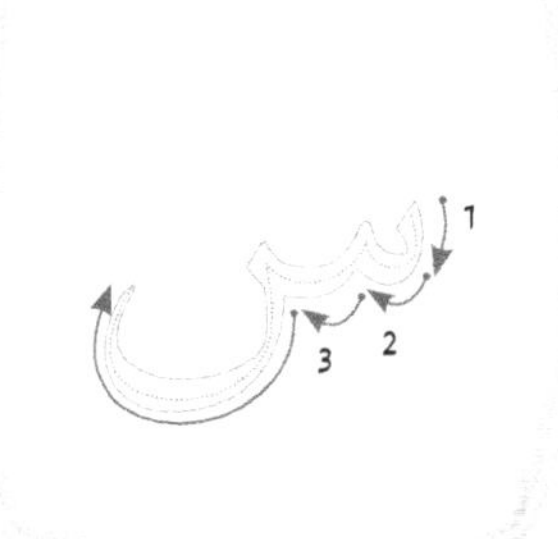

أُكْمِلُ الرَّسْمَةَ ، لِكَيْ أُعَبِّرَ عَنْ شُعوري
بَعْدَ أَنْ تَعَلَّمْتُ حَرْفَ (س ، سـ).

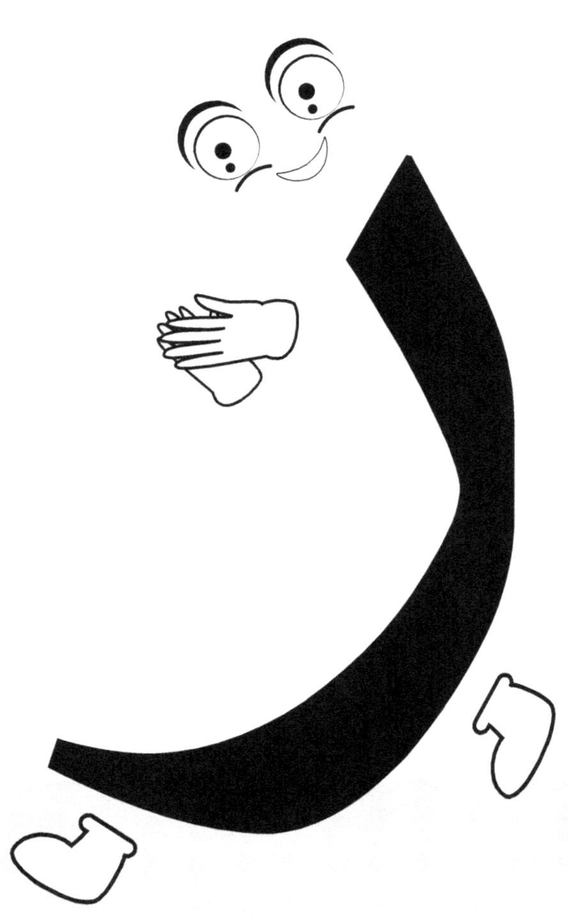

عِنْدَما تُنادِي عَلَى أَحَدِ أَفْرادِ أُسْرَتِكَ هَلْ تَسْمَعُ صَوْتَ (رْ)؟

أَبْحَثُ عَنْ شَيْءٍ مَوْجودٍ حَوْلِي
وَعِنْدَما أَنْطِقُ اسْمَهُ أَسْمَعُ صَوْتَ حَرْفِ (رْ)؟

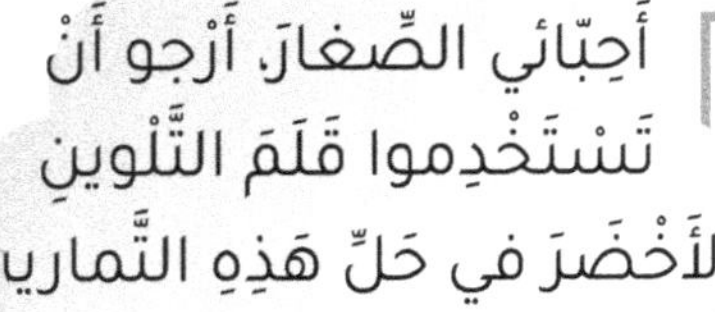


هَيَّا نَتَعَلَّمْ رَسْمَ حَرْفِ الراء ( ر )

**1** أُمَيِّزُ شَكْلَ الْحَرْفِ ( ر )، أَنْظُرُ جَيِّدًا لأَتَعَرَّفَ إِلَيْهِ، وَأُعِيدُ عَلَيْهِ بِلَوْنِي الأَخْضَرِ

قِطار

كُرة

هَيَّا بِنا نَلْعَبْ مَعَ حَرْفِ الراء ( ر ) وَ نُمَيِّزُهُ عَنْ بَاقِي الْحُرُوفِ:

**2** أُشِيرُ إِلَى الشَّاشَةِ الَّتِي تَحْوِي حَرْفَ الراء ( ر )، أَجِدُهُ، ثُمَّ أُلَوِّنُهُ..

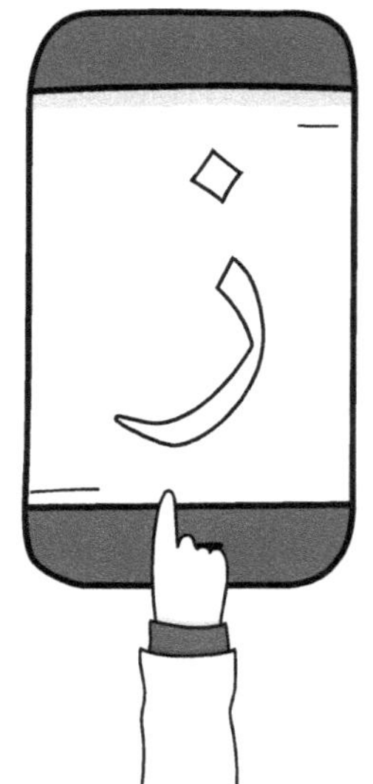

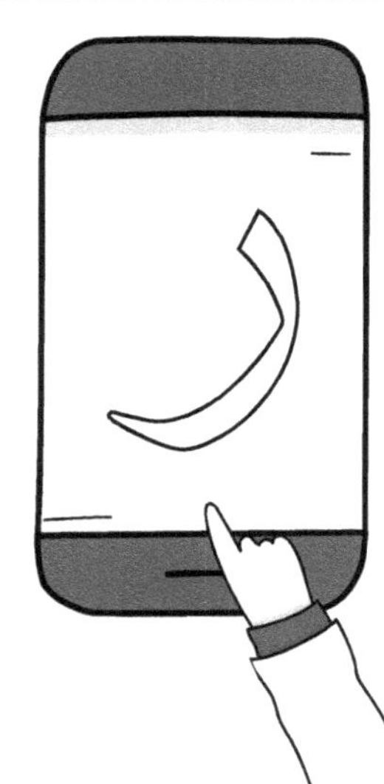

أُرَكِّزُ، ثُمَّ أَبْحَثُ عَن حَرْفِ (ر) الْمُخْتَبِئِ في هذهِ الصُّورَةِ الْجَميلَةِ.

أُمْسِكُ الْأَرْنَبَ الّذي يَحْمِلُ حَرْفَ (ر) وَأَرْسُمُ لهُ خَطًّا لكي أُساعِدَهُ في الْوُصولِ إلى بَيْتِهِ.

سامِر

رَباب

ر

رامي

مَرام

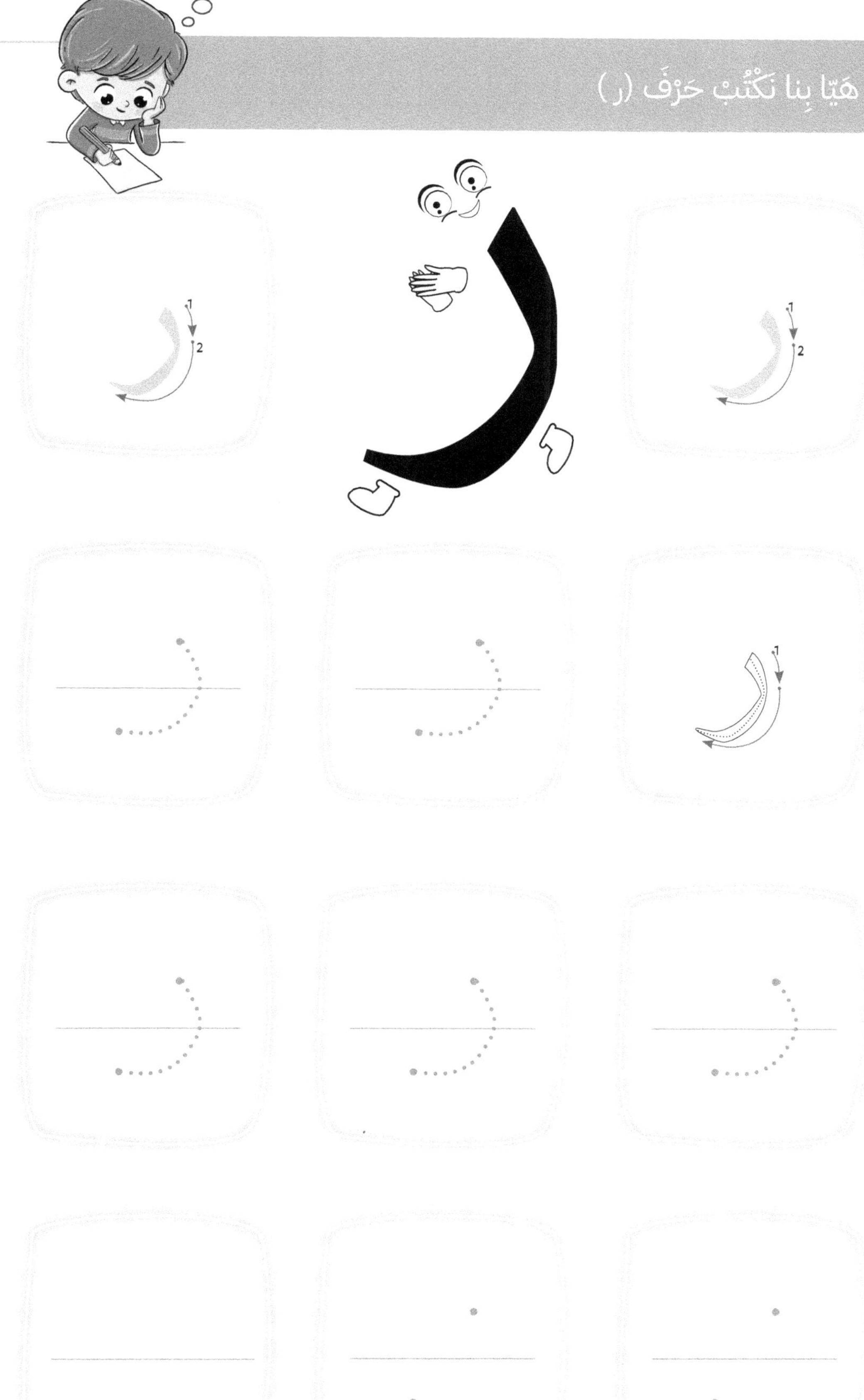

هَيَّا لِنَسْمَعْ صَوْتَ حَرْفِ الْفَاءِ (فْ) وَنَنْطِقْهُ سَوِيًّا :

لِنُرَدِّدْ مَعًا صَوْتَ حَرْفِ (فْ)

مَنْ يُسْمِعُنا صَوْتَ الْحَرْفِ (فْ)؟

هَلْ تَسْمَعُ صَوْتَ حَرْفِ (فْ) عِنْدَ نُطْقِ اسْمِكَ؟

أَنْطِقُ اسْمِي، وَإِذا سَمِعْتُ صَوْتَ (فْ) أَرْفَعُ يَدِي لِكَيْ أَنْطِقَ اسْمِي أَمامَ الصَّفِّ؟

عِنْدَما تُنادي عَلَى أَحَدِ أَفْرادِ أُسْرَتِكَ هَلْ تَسْمَعُ صَوْتَ (فْ)؟

أَبْحَثُ عَنْ شَيْءٍ مَوْجودٍ حَوْلي وَعِنْدَما أَنْطِقُ اسْمَهُ أَسْمَعُ صَوْتَ حَرْفِ (فْ)؟

## هَيَّا نَتَعَلَّمْ رَسْمَ حَرْفِ الفاء (ف ـ فـ)

**1** أُمَيِّزُ شَكْلَ الْحَرْفِ (ف ـ فـ)، أَنْظُرُ جَيِّدًا لِأَتَعَرَّفَ إِلَيهِ، وَأُعيدُ عَلَيهِ بِلَوْني الْأَخْضَر

مَلْفوف

## هَيَّا بِنا نَلْعَبْ مَعَ حَرْفِ الفاء ( ف ) وَ نُمَيِّزُهُ عَنْ باقي الْحُروفِ:

**2** أُشيرُ إِلَى الشّاشَةِ الَّتي تَحْوي حَرْفَ الفاء (ف ، فـ)، أَجِدُهُ، ثُمَّ أُلَوِّنُهُ.

**4** أُمْسِكُ بِالْفَراشَةِ الَّتي تَحْمِلُ الْحَرْفَ (ف)، وَأَرْسُمُ لَها خَطًّا كَيْ أُساعِدَها لِتَقِفَ على يَدِ الطِّفْلِ.

فَارِس

يَفْرُش

ف

فادي

ف

خَروف

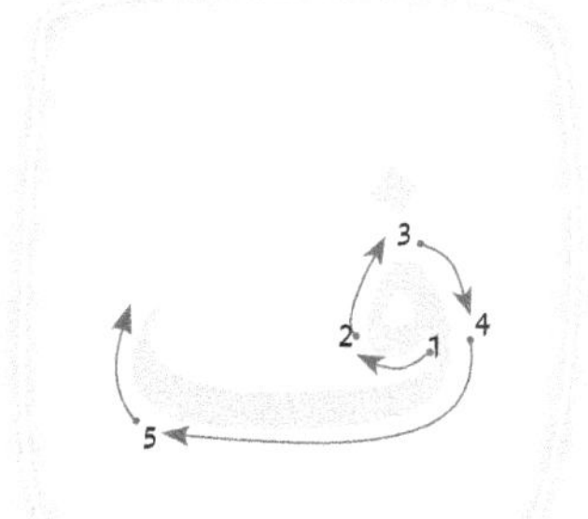

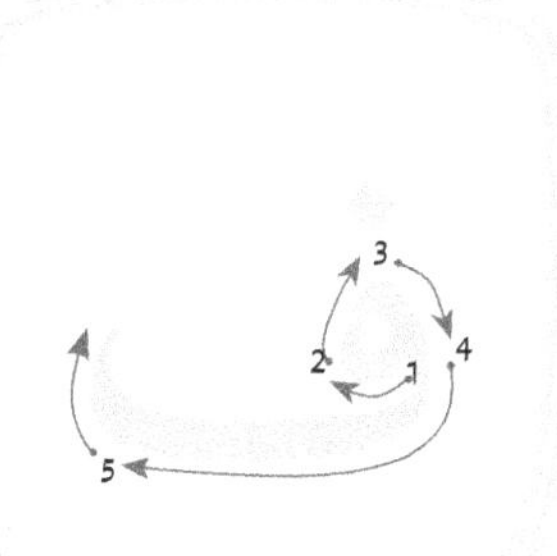

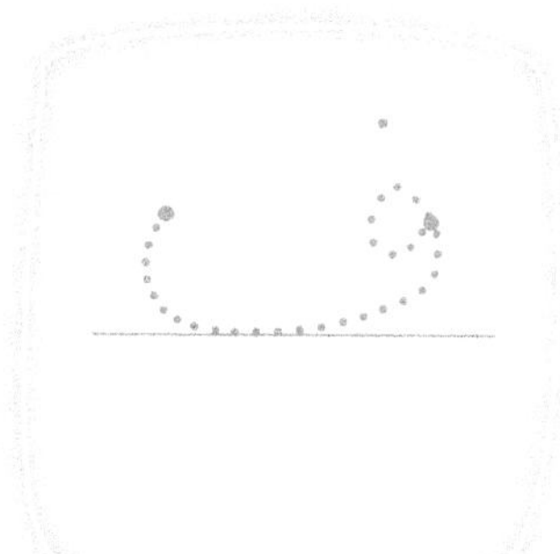
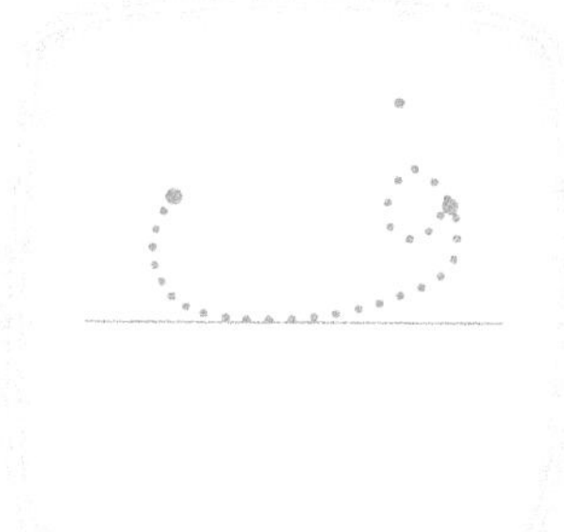
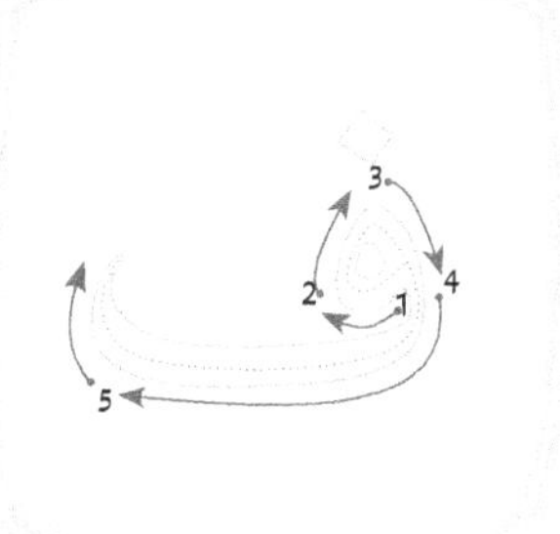

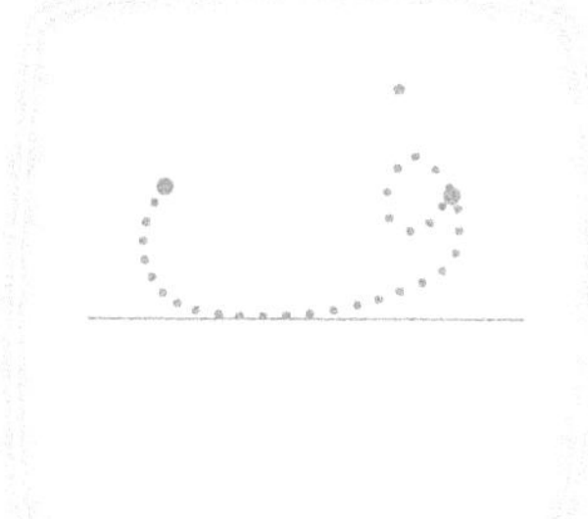
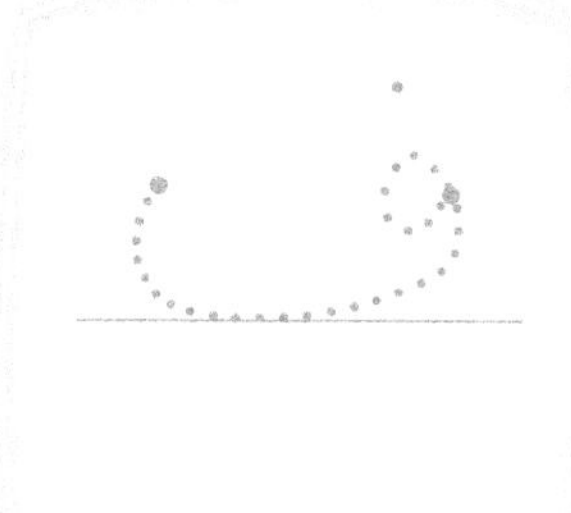
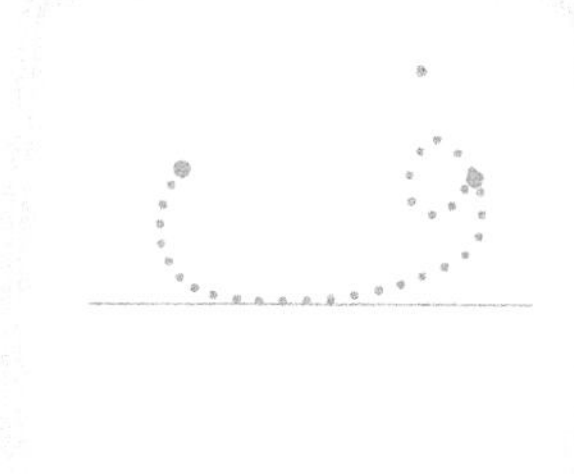

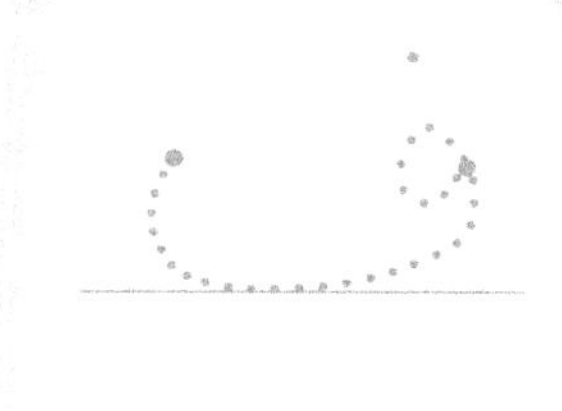

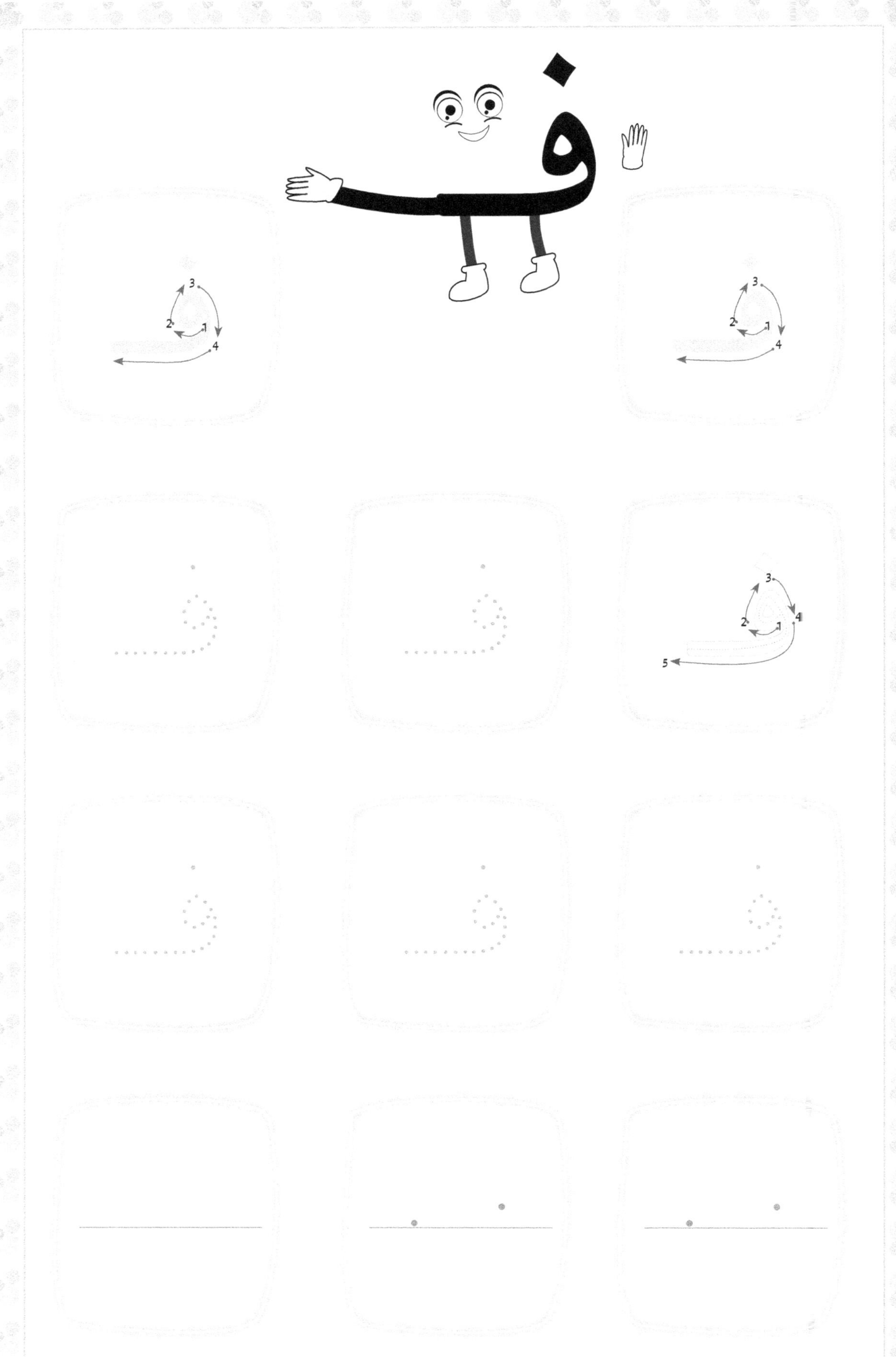

هَيَّا لِنَسْمَعْ صَوْتَ حَرْفِ الشين (ش - ش) وَنَنْطِقْهُ سَوِيًّا :

لِنُرَدِّدْ مَعًا صَوْتَ حَرْفِ (شْ)

مَنْ يُسْمِعُنا صَوْتَ الْحَرْفِ (شْ)؟

هَلْ تَسْمَعُ صَوْتَ حَرْفِ (شْ) عِنْدَ نُطْقِ اسْمِكَ؟

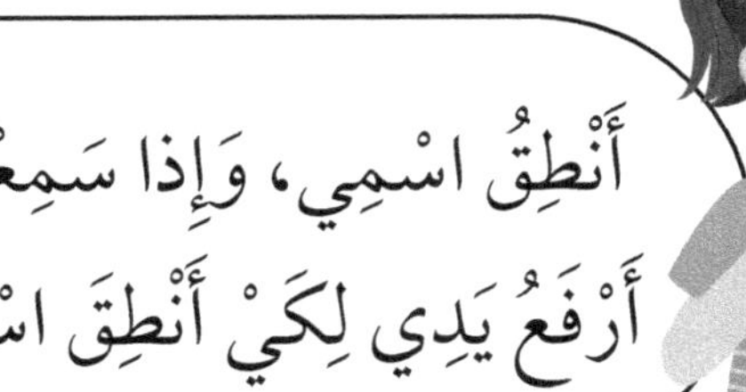

أَنْطِقُ اسْمِي، وَإِذا سَمِعْتُ صَوْتَ (شْ) أَرْفَعُ يَدِي لِكَيْ أَنْطِقَ اسْمِي أَمَامَ الصَّفِّ؟

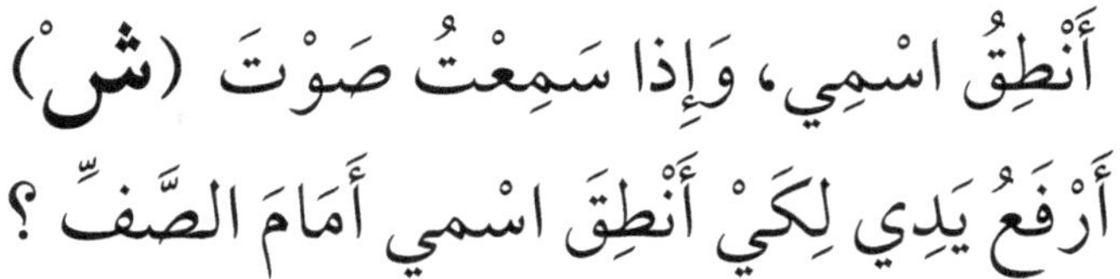

عِنْدَما تُنادي عَلى أَحَدِ أَفْرادِ أُسْرَتِكَ هَلْ تَسْمَعُ صَوْتَ (شْ)؟

أَبحَثُ عَنْ شَيْءٍ مَوْجودٍ حَوْلي وَعِنْدَما أَنْطِقُ اسْمَهُ أَسْمَعُ صَوْتَ حَرْفِ (شْ)؟

أَحِبَّائِي الصِّغَارَ أَرْجو أَنْ تَسْتَخْدِموا قَلَمَ التَّلْوينِ الأَخْضَرَ في حَلِّ هَذِهِ التَّمارين.

هَيَّا نَتَعَلَّمْ رَسْمَ حَرْفِ الشين (ش ـ شـ)

**1** أُمَيِّزُ شَكْلَ الْحَرْفِ (ش ـ شـ)، أَنْظُرُ جَيِّدًا لِأَتَعَرَّفَ إِلَيه، وَأُعيدُ عَلَيْهِ بِلَوْني الأَخْضَر

فَراش

شارع

هَيَّا بِنا نَلْعَبْ مَعَ حَرْفِ الشين (ش، شـ) وَنُمَيِّزُهُ عَنْ باقي الْحُروفِ:

**2** أُشيرُ إِلى الشّاشةِ الَّتي تَحْوي حَرْفَ الشين (ش ، شـ)، أَجِدُهُ، ثُمَّ أُلَوِّنُهُ.

أُرَكِّزُ، ثُمَّ أَبْحَثُ عَن حَرْفِ (ش ، شـ) الْمُخْتَبِئِ في هذهِ الصّورَةِ الْجَميلَةِ.

4

أُمْسِكُ بِالْفَراشَةِ الَّتي تَحْمِلُ الْحَرْفَ (ش، شـ)، وَأَرْسُمُ لَها خَطًّا كَيْ أُساعِدَها لِتَقِفَ على يَدِ الطِّفْلِ.

فَراش

ش

شادي

ريش

شـ

شارع

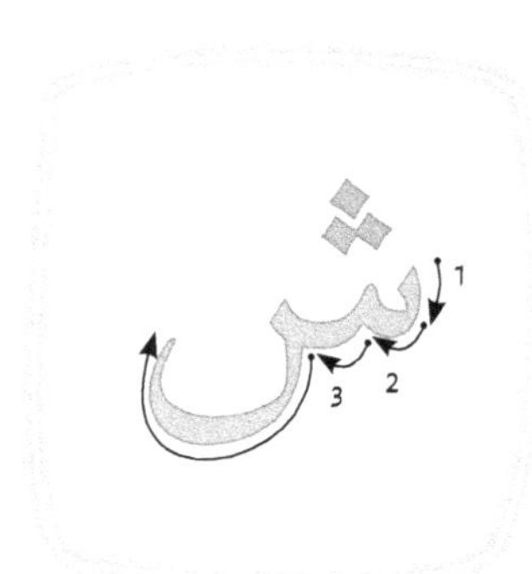

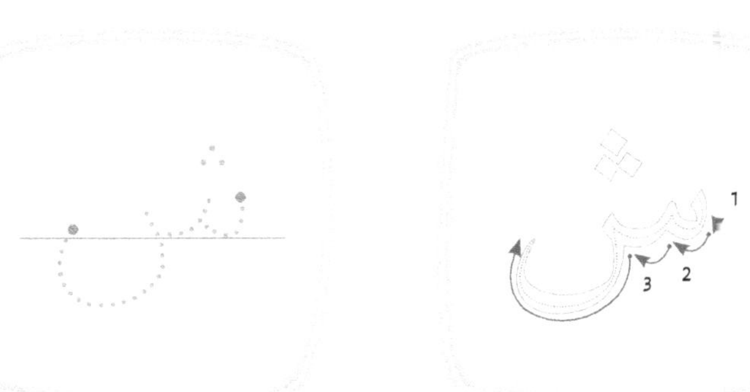

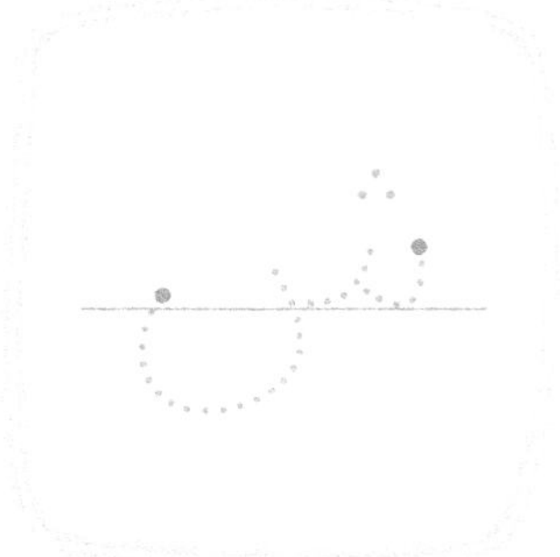

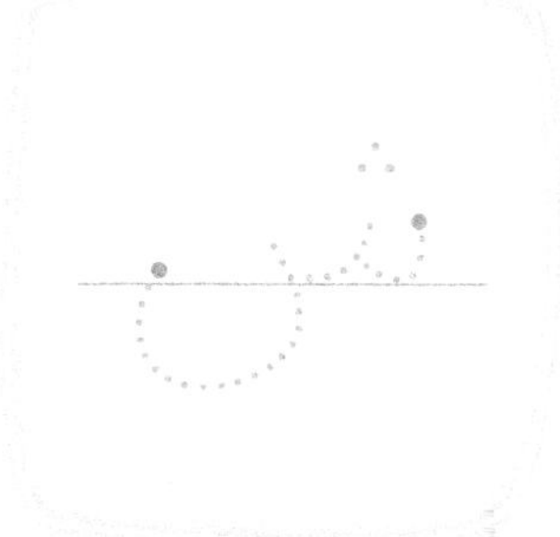

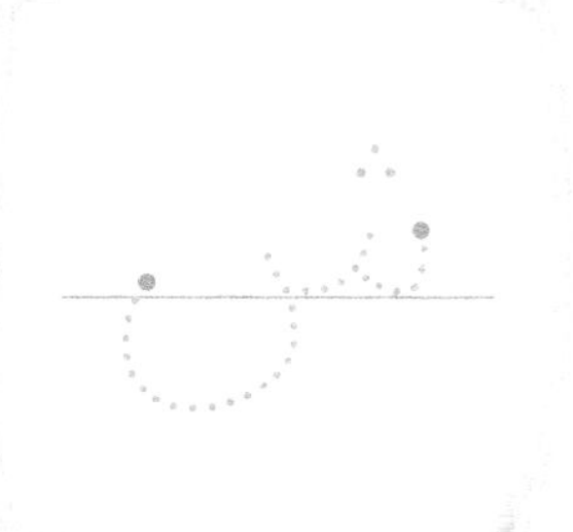

❋ هَيّا لِنَسْمَعْ صَوْتَ حَرْفِ التّاءِ الْمَبسوطَةِ (ت ، تـ ، تـ )، وَنَنْطِقْهُ سَوِيًّا:

🎙 لِنُرَدِّدْ مَعًا صَوْتَ الْحَرْفِ (تْ )

❋ مَنْ يُسْمِعُنا صَوْتَ الْحَرْفِ (تْ )؟

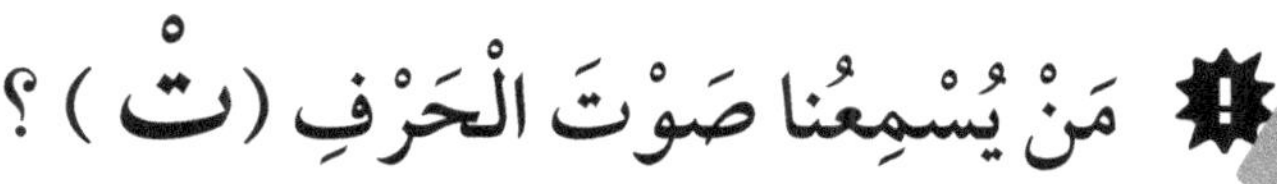

❋ هَلْ تَسْمَعُ صَوْتَ الْحَرْفِ (تْ ) عِنْدَ نُطْقِ اسْمِكَ ؟

🔍 أَبْحَثُ عَنْ شَيْءٍ مَوْجودٍ حَوْلي وَعِنْدَما أَنْطِقُ اسْمَهُ أَسْمَعُ صَوْتَ حَرْفِ (تْ)؟

**١** أُمَيِّزُ شَكْلَ الْحَرْفِ (ت - ـت)، أَنْظُرُ جَيِّدًا لِأَتَعَرَّفَ إِلَيْهِ، وَأُعِيدُ عَلَيْهِ بِلَوْني الْأَصْفَر

توت

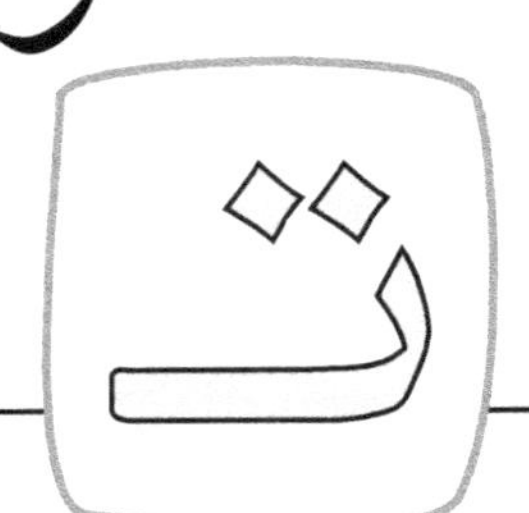

ت ت ت

---

هَيَّا بِنا نَلْعَبْ مَعَ حَرْفِ (ت، ـت):

**٢** أُشِيرُ إِلَى الشّاشَةِ الَّتي تَحوي حَرْفَ التّاءِ (ت، ـت)، أَجِدُ الْحَرْفَ، ثُمَّ أُلَوِّنُهُ.

**3** أُرَكِّزُ، ثُمَّ أَبْحَثُ عَن حَرْفِ (ت ، ت) الْمُخْتَبِئ في هذهِ الصّورَةِ الْجَميلَةِ.

**4** أُمْسِكُ بِثَمَرَةِ التّوتِ الَّتي تَحْمِلُ الْحَرْفَ (ت، ت )، وَأَرْسُمُ لَها خَطًّا كَيْ أُساعِدَها لِتَدْخُلَ في السَّلَّةِ.

تامِر

توت

بِنْت

بُسْتان

ت

ـت

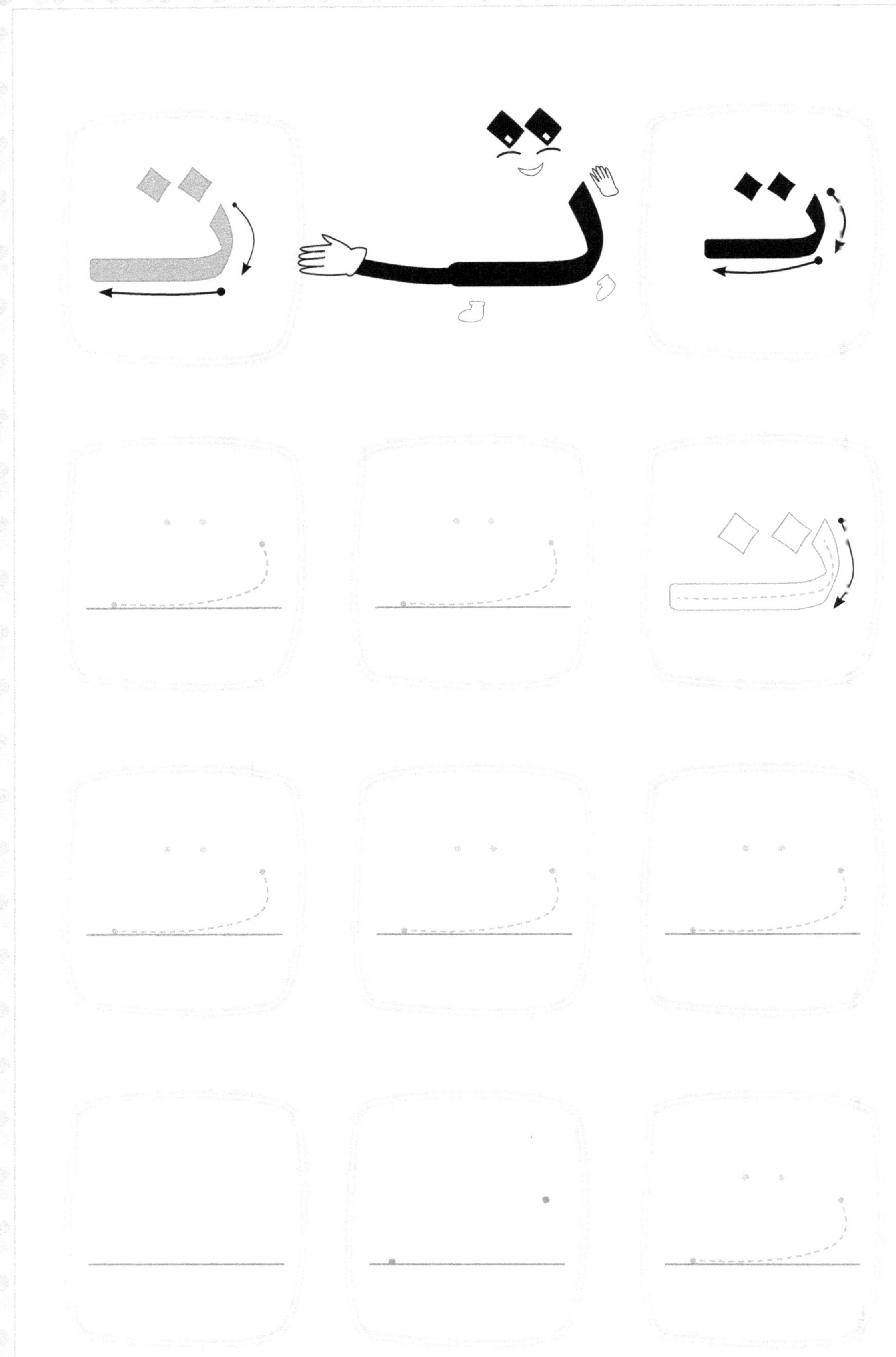

# حَرْفُ النّونِ

۱ هَيَّا لِنَسْمَعْ صَوْتَ حَرْفِ النونِ (نْ)، وَنَنْطِقْهُ سَوِيًّا:

🎤 لِنُرَدِّدْ مَعًا صَوْتَ الْحَرْفِ (نْ)

۲ مَنْ يُسْمِعُنا صَوْتَ الْحَرْفِ (نْ)؟

۳ أَنْطِقُ اسْمِي وَإذا سَمِعْتُ صَوْتَ حَرْفِ (نْ) أَرْفَعُ يَدِي لِكَيْ أَنْطِقَ اسْمِي أَمَامَ الصَّفّ؟

🔍 أَبْحَثُ عَنْ شَيْءٍ مَوْجودٍ حَوْلِي وَعِنْدَما أَنْطِقُ اسْمَهُ أَسْمَعُ صَوْتَ حَرْفِ (نْ)؟

**1** أُمَيِّزُ شَكْلَ الْحَرْفِ (ن - نـ)، أَنْظُرُ جَيِّدًا لِأَتَعَرَّفَ إِلَيْهِ، وَأُعيدُ عَلَيْهِ بِلَوْنِي الْبُرْتُقالي

هَيَّا بِنا نَلْعَبْ مَعَ حَرْفِ (ن، نـ) :

**2** أُشيرُ إِلى الشّاشةِ الَّتي تَحْوي حَرْفَ النّونِ (ن، نـ)، أَجِدُ الْحَرْفَ ثُمَّ أَلَوِّنُهُ.

76

**4** أُمْسِكُ بِالنّمِرِ الَّذي يَحْمِلُ الْحَرْفَ (ن ، ﻦ)، وَأَرْسُمُ لَهُ خَطًّا كَيْ أُساعِدَهُ في الْوُصولِ إلى جِذْعِ الشّجَرَةِ.

نَمِر

ن

مَنار

ـن

نار

بُسْتان

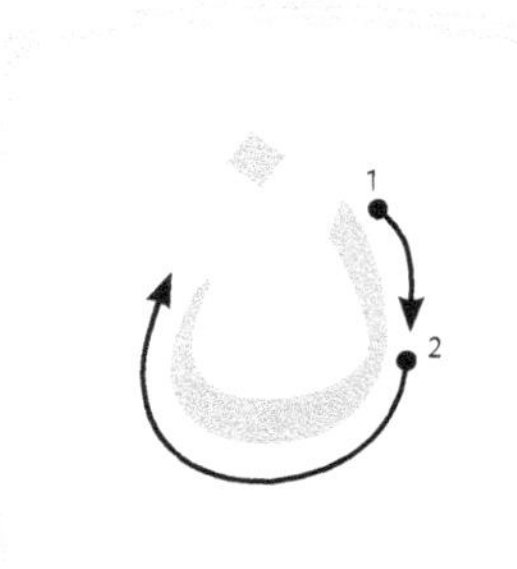

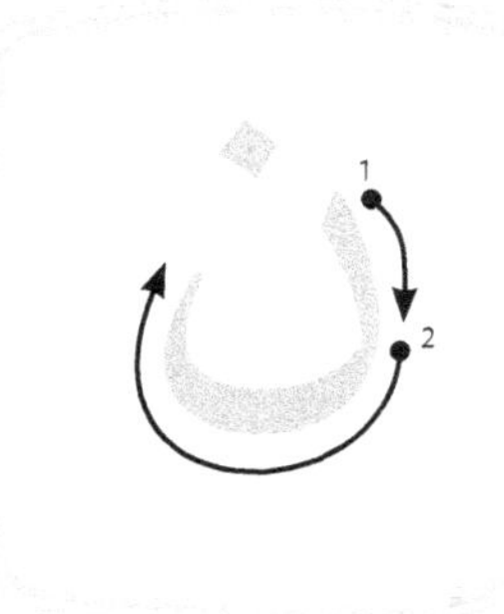
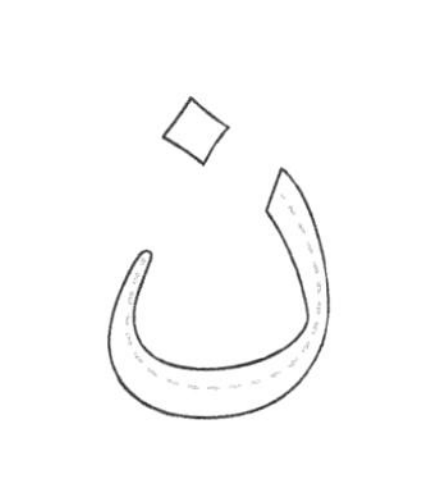
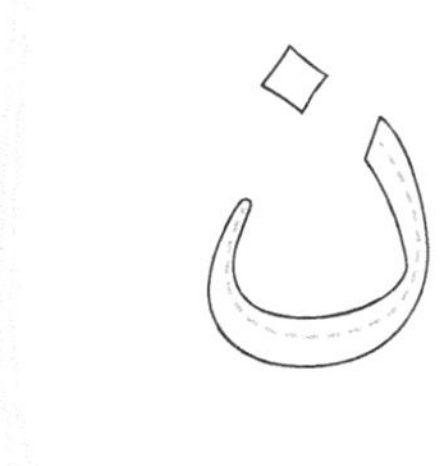

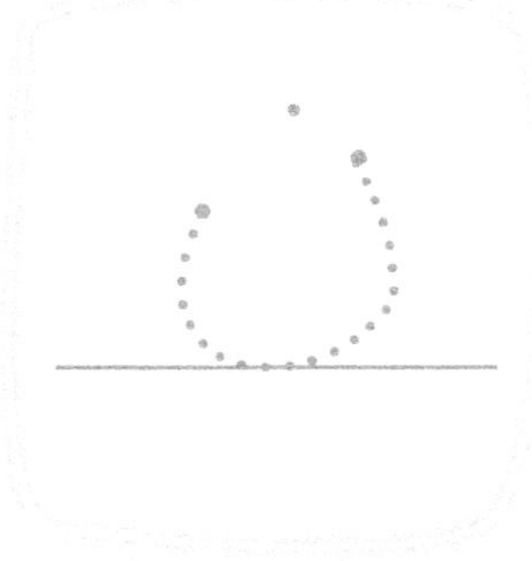
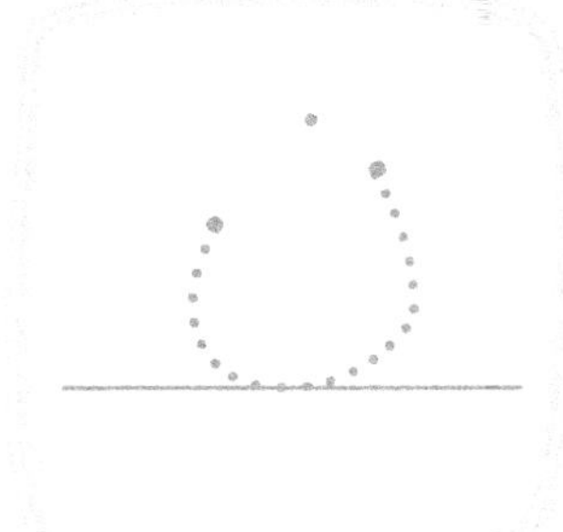
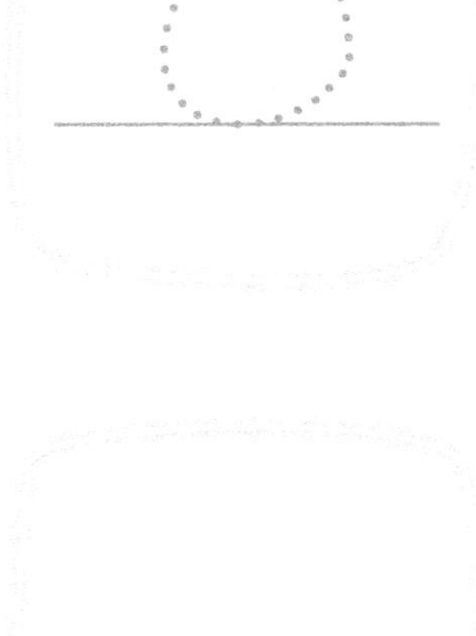

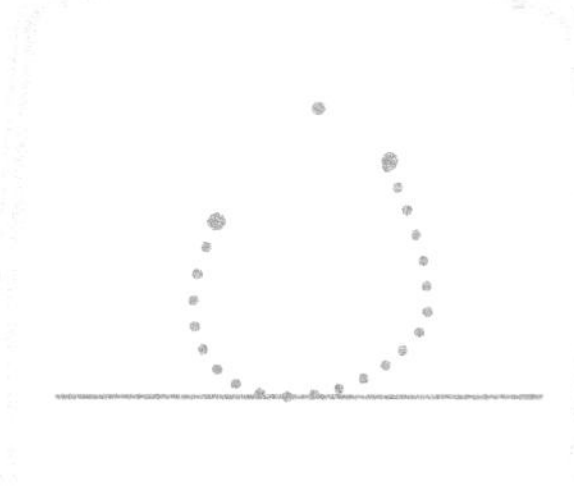

# حَرْفُ الدّال

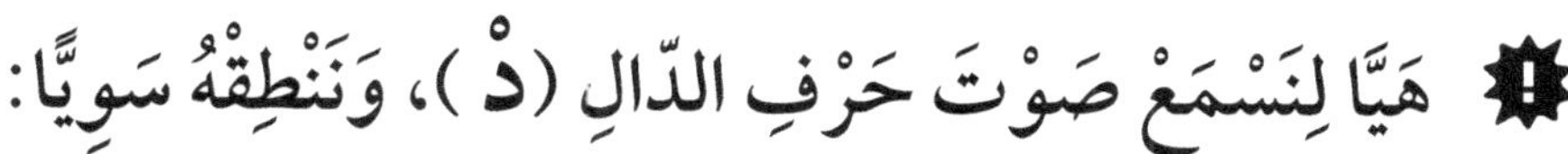

❖ هَيَّا لِنَسْمَعْ صَوْتَ حَرْفِ الدّالِ (دْ )، وَنَنْطِقْهُ سَوِيًّا:

🎙 لِنُرَدِّدْ مَعًا صَوْتَ الْحَرْفِ (دْ )

❖ مَنْ يُسْمِعُنا صَوْتَ الْحَرْفِ (دْ )؟

❖ أَنْطِقُ اسْمِي وَإِذا سَمِعْتُ صَوْتَ حَرْفِ (د)
أَرْفَعُ يَدِي لِكَيْ أَنْطِقُ اسْمِي أَمَامَ الصَّفّ؟

🔍 أَبْحَثُ عَنْ شَيْءٍ مَوْجُودٍ حَوْلِي
وَعِنْدَما أَنْطِقُ اسْمَهُ أَسْمَعُ صَوْتَ حَرْفِ (دْ)؟

**هَيَّا نَتَعَلَّم رَسْمَ حَرْفِ الدّالِ (د)**

**1** — أُمَيِّزِ شَكْلَ الْحَرْفِ (د)، أَنْظُرُ جَيِّدًا لِأَتَعَرَّفَ إِلَيْهِ، وَأُعيدُ عَلَيْهِ بِلَوْنِ الْبُرْتُقالي

**هَيَّا بِنا نَلْعَبْ مَعَ حَرْفِ الدالِ (د) وَ نُمَيِّزُهُ عَنْ باقي الْحُروفِ:**

**2** — أُشيرُ إِلَى الشّاشَةِ الَّتي تَحْوي حَرْفَ الدالِ (د)، أَجِدُهُ، ثُمَّ أُلَوِّنُهُ..

مُراد

فادي

د

نَشيد

دار

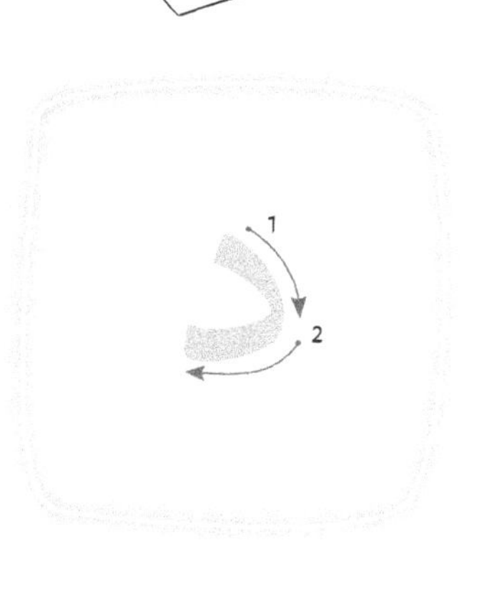

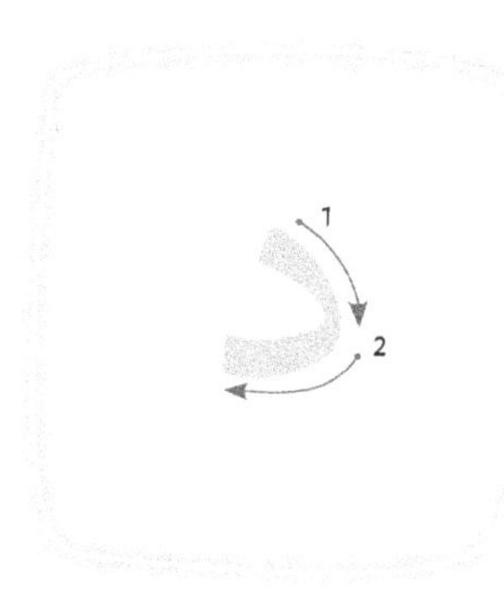

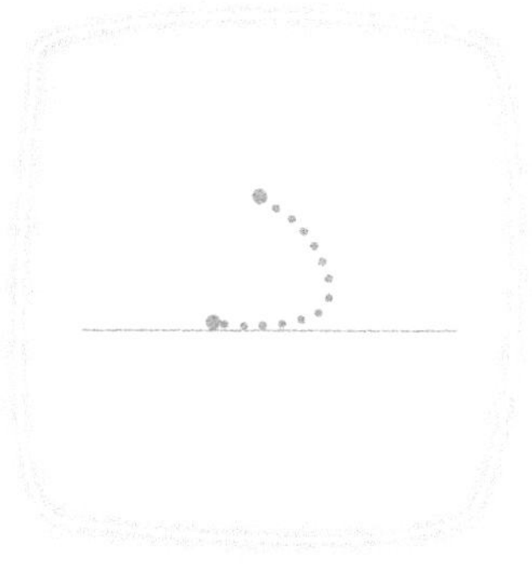

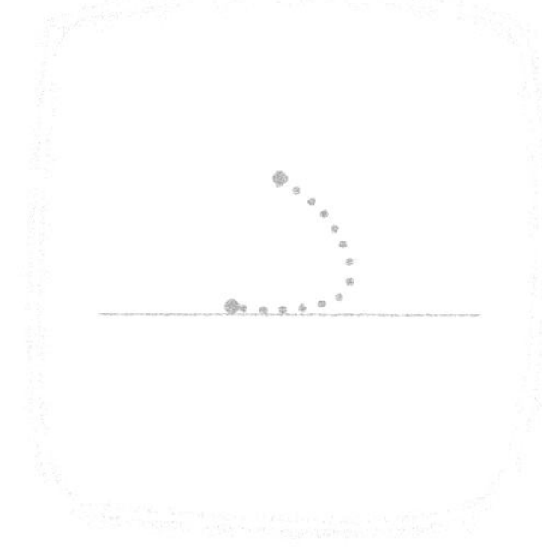

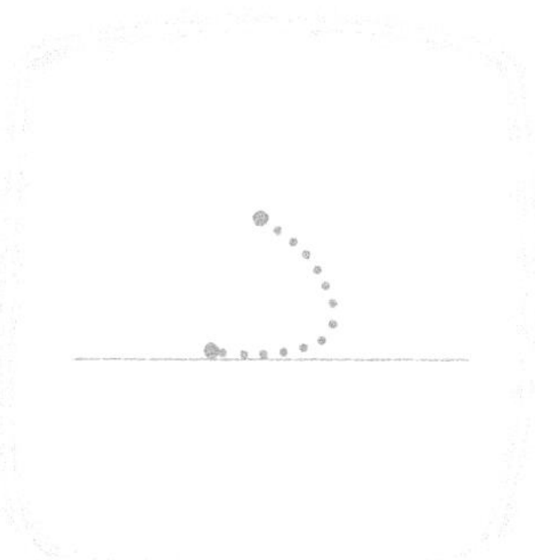

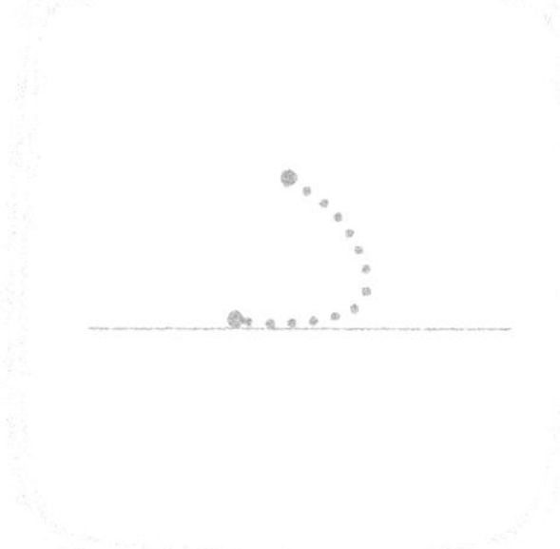

❗ هَيَّا لِنَسْمَعَ صَوْتَ حَرْفِ اللّام (لُ )، وَنَنْطِقْهُ سَوِيًّا:

🎤 لِنُرَدِّدْ مَعًا صَوْتَ الْحَرْفِ (لُ )

❗ مَنْ يُسْمِعُنا صَوْتَ الْحَرْفِ (لُ )؟

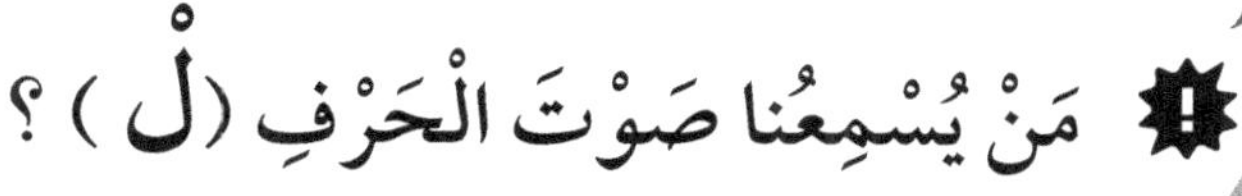

❇ أَنْطِقُ اسْمِي وَإِذا سَمِعْتُ صَوْتَ حَرْفِ (لْ)
أَرْفَعُ يَدِي لِكَيْ أَنْطِقَ اسْمِي أَمَامَ الصَّفّ؟

🔍 أَبْحَثُ عَنْ شَيْءٍ مَوْجُودٍ حَوْلِي
وَعِنْدَما أَنْطِقُ اسْمَهُ أَسْمَعُ صَوْتَ حَرْفِ (لُ)؟

أَجِبَّائِي الصِّغَارَ أَرْجو أَنْ تَسْتَخْدِموا قَلَمَ التَّلْوينِ **الْبُرْتُقاليَّ** في حَلِّ هَذِهِ التَّمارينِ.

**1** أُمَيِّزُ شَكْلَ الْحَرْفِ ( ل )، أَنْظُرُ جِيِّدًا لأَتَعَرَّفَ إِلِيهِ، وَأُعيدُ عَلَيْهِ بِلَوْنِي الْبُرْتُقالي

وَلَد
ل

بُرْتقال
ل

هَيَّا بِنا نَلْعَبْ مَعَ حَرْفِ اللام ( ل )

وَ نُمَيِّزْهُ عَنْ بَاقي الْحُروفِ:

**2** أُشيرُ إِلَى الشَّاشَةِ الَّتي تَحْوي حَرْفَ اللام ( ل ، ل )، أَجِدُهُ، ثُمَّ أُلَوِّنُهُ.

3 — أُرَكِّزُ، ثُمَّ أَبْحَثُ عَن حَرْفِ ( ل ،لـ) الْمُخْتَبِئِ في هذهِ الصّورَةِ الْجَميلَةِ.

4 — أُمْسِكُ بِاللُّعْبَةِ الَّتي تَحْمِلُ الْحَرْفَ ( ل ، لـ)، وَأَرْسُمُ لَها خَطًّا كَيْ أُساعِدَها في الْوُصولِ إِلى خَيْمَةِ الْأَلْعابِ.


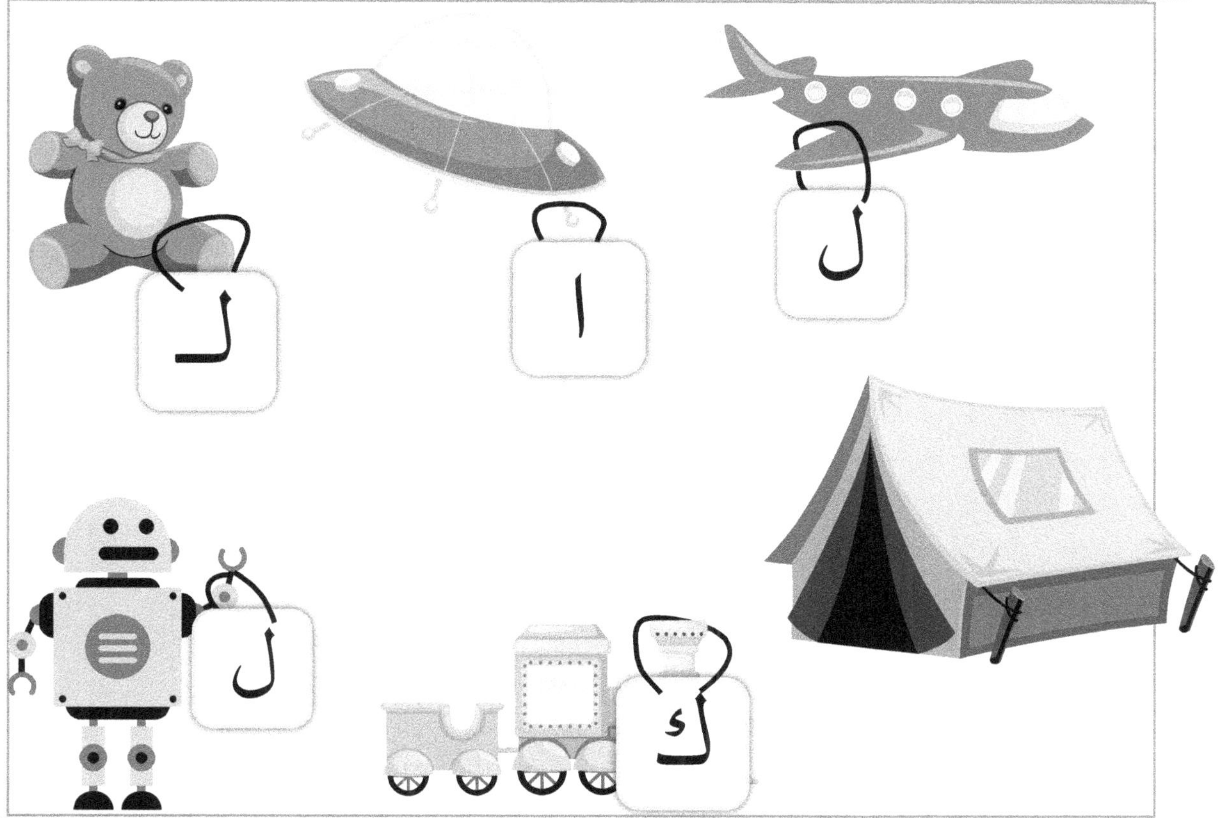

لَبيب

سَليم

سالِم

لاعِب

ل

لـ

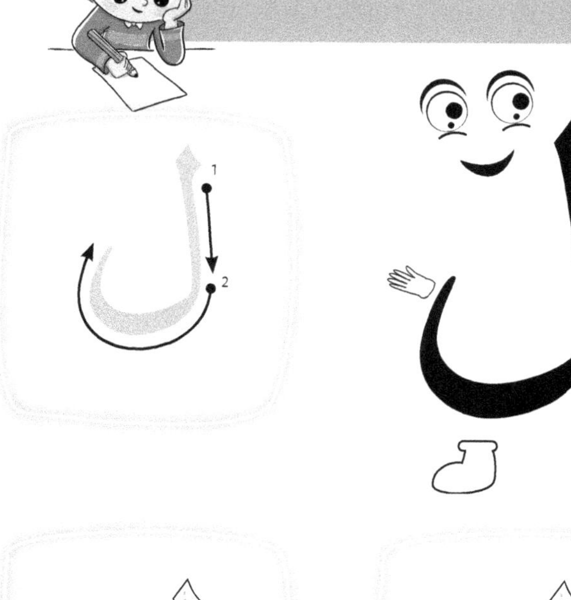

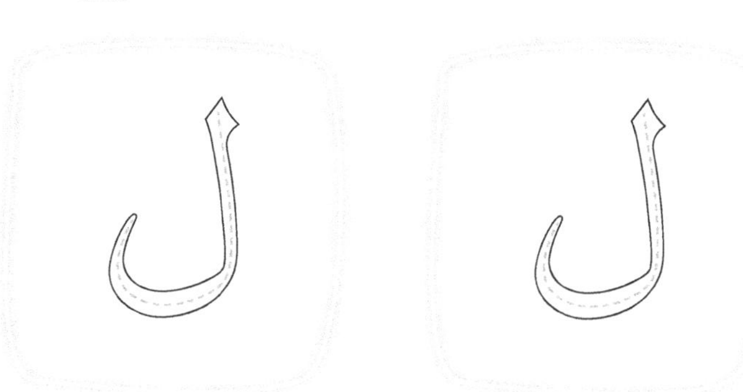

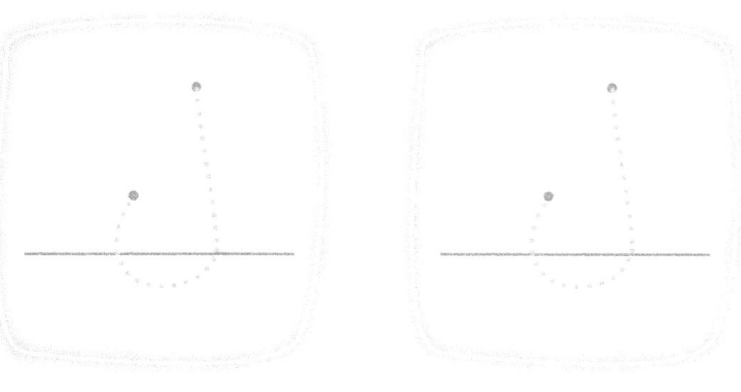

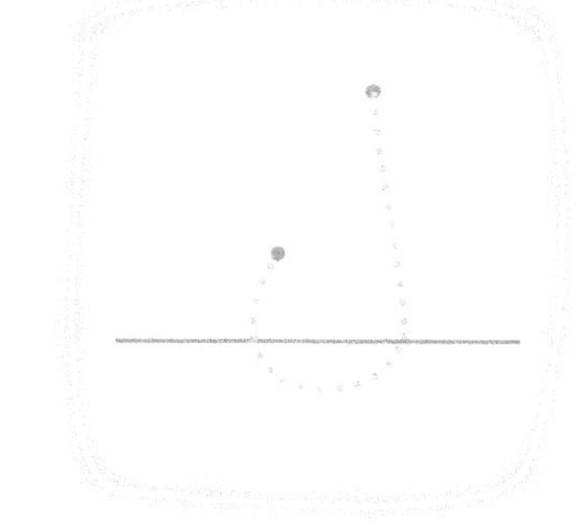

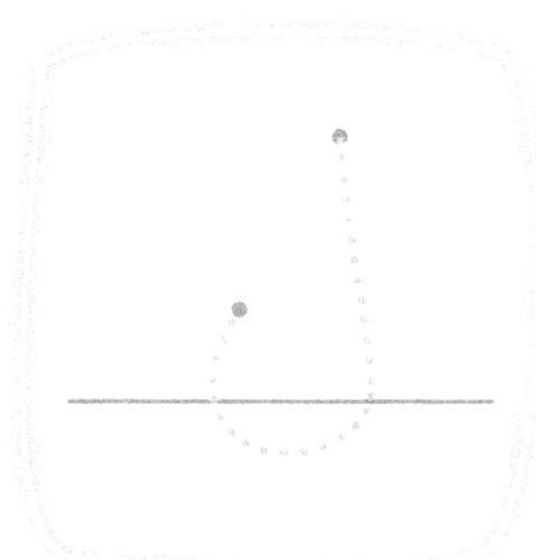

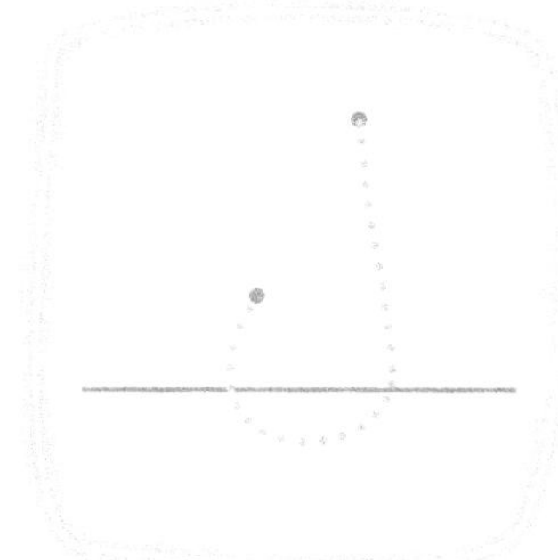

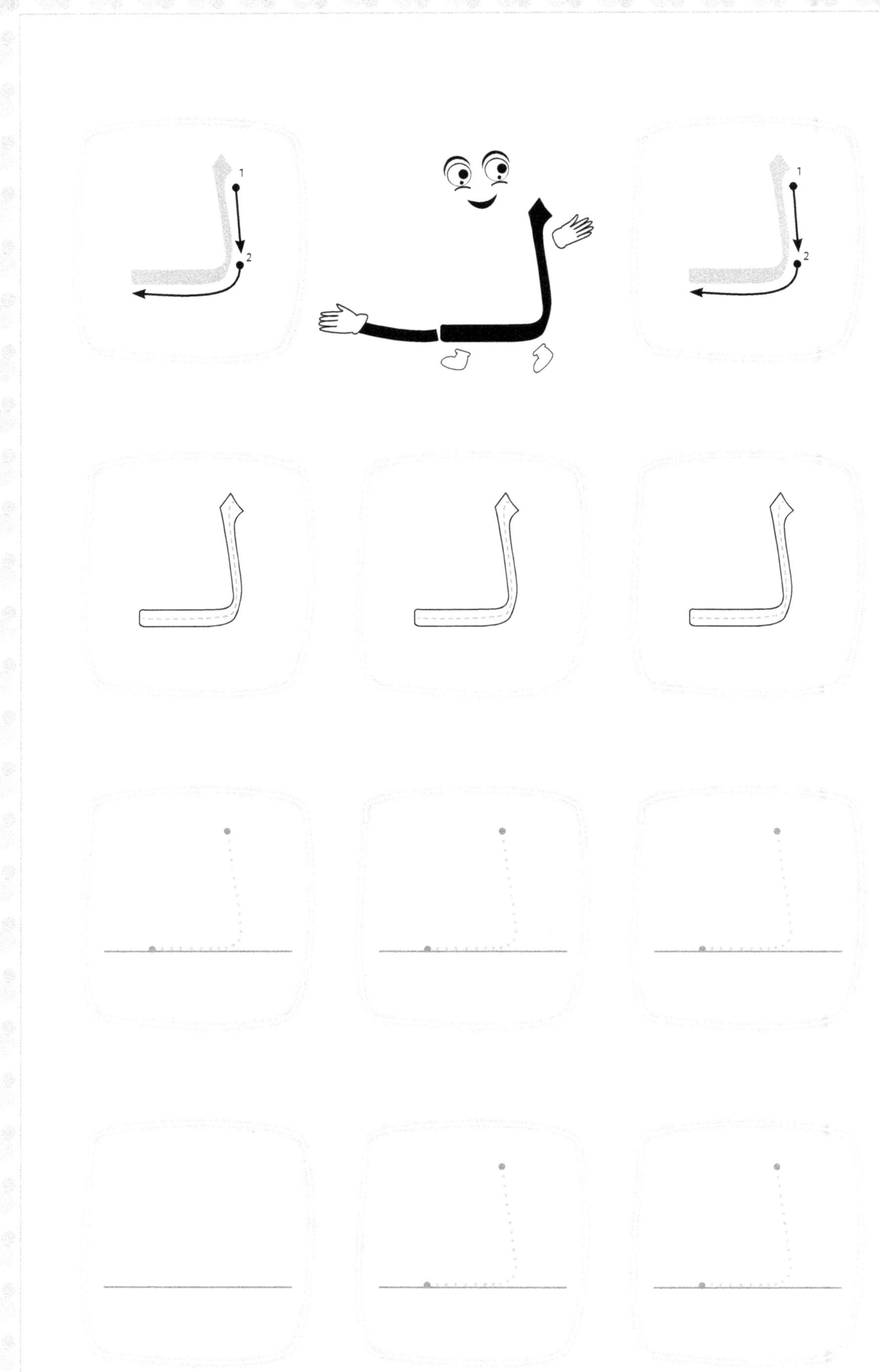

# حَرْفُ الْحاء

هَيَّا لِنَسْمَعْ صَوْتَ حَرْفِ الْحاءِ (ح ، حـ)، وَنَنْطِقْهُ سَوِيًّا:

لِنُرَدِّدْ مَعًا صَوْتَ الْحَرْفِ (ح)

مَنْ يُسْمِعُنا صَوْتَ الْحَرْفِ (ح)؟

أَنْطِقُ اسْمِي وَإذا سَمِعْتُ صَوْتَ حَرْفِ (ح) أَرْفَعُ يَدِي لِكَيْ أَنْطِقَ اسْمِي أَمَامَ الصَّفَّ؟

أَبْحَثُ عَنْ شَيْءٍ مَوْجودٍ حَوْلي وَعِنْدَما أَنْطِقُ اسْمَهُ أَسْمَعُ صَوْتَ حَرْفِ (ح)؟

هَيَّا نَتَعَلَّمْ رَسْمَ حَرْفِ الْحَاءِ (ح، حـ)

١
أُمَيِّزُ شَكْلَ الْحَرْفِ (ح)، أَنْظُرُ جَيِّدًا لِأَتَعَرَّفَ إِلَيْهِ، وَأُعِيدُ عَلَيْهِ بِلَوْنِي الْبُرْتُقَالِيِّ

حَليب

تُفَّاح

حـ

حـ

هَيَّا بِنا نَلْعَبْ مَعَ حَرْفِ الْحَاءِ ( ح ، حـ )،
وَنُمَيِّزُهُ عَنْ بَاقِي الْحُروفِ:

٢
أُشيرُ إِلَى الشَّاشَةِ الَّتِي تَحْوِي حَرْفَ الْحَاءِ (ح- حـ )، أَجِدُهُ، ثُمَّ أُلَوِّنُهُ..

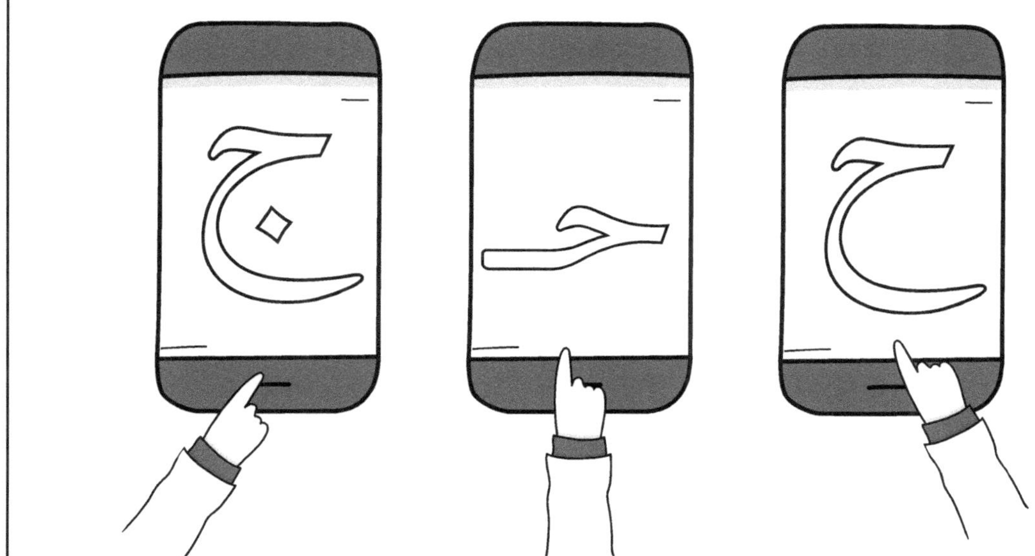

أُرَدِّدُ، ثُمَّ أَبْحَثُ عَنِ الْحَرْفِ (ح ، حـ) الْمُخْتَفِي في هذِهِ الصّورَةِ الْجَميلَةِ.

4

أُمْسِكُ بِالْحَمامَةِ الَّتي تَحْمِلُ الْحَرْفَ (ح ، حـ)، وَأَرْسُمُ لَها خَطًّا كَيْ أُساعِدَها في الْوُصولِ إلى بَيْتِها.

## 5

أَرْسُمُ دائِرَةً حَوْلَ الْحَرْفِ (ح – ح)، ثُمَّ أَصِلُ:

سَميح

ح

حامِد

حـ

حوت

بَحْر

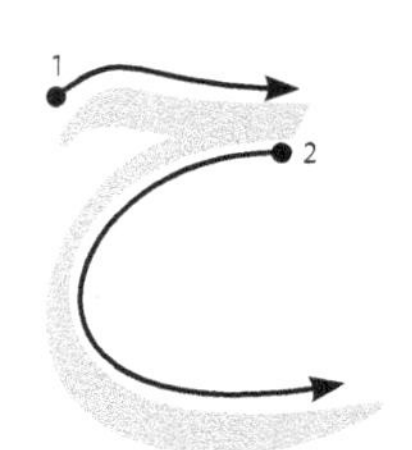

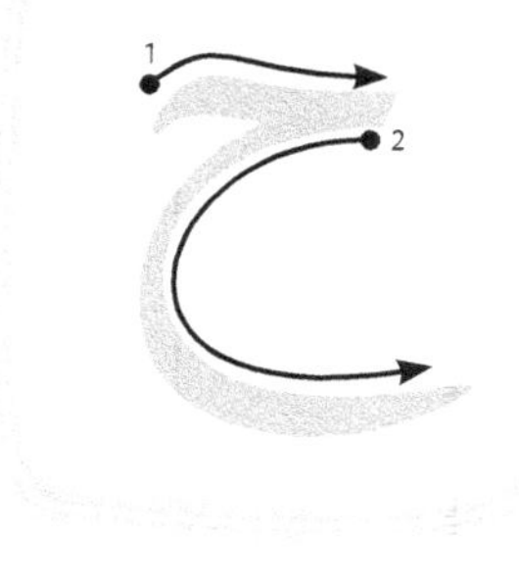

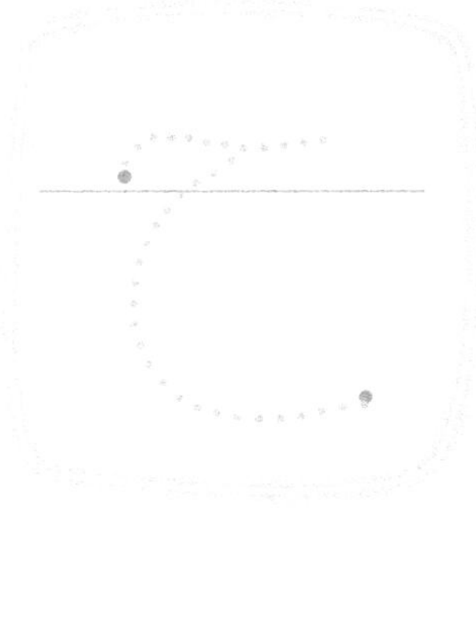
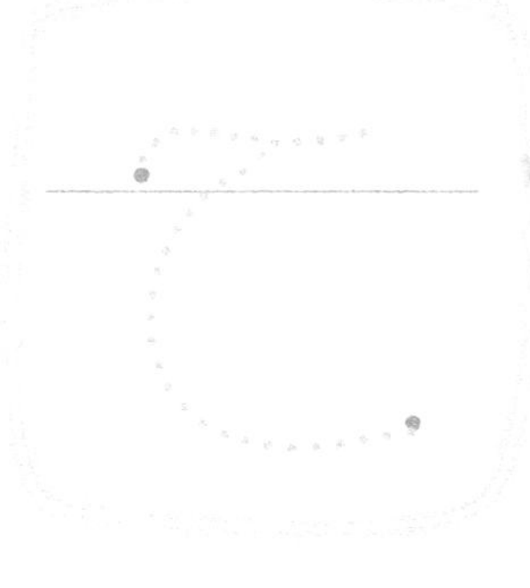
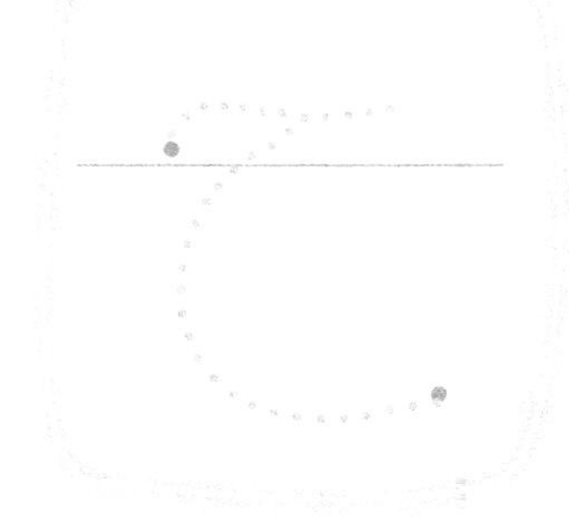

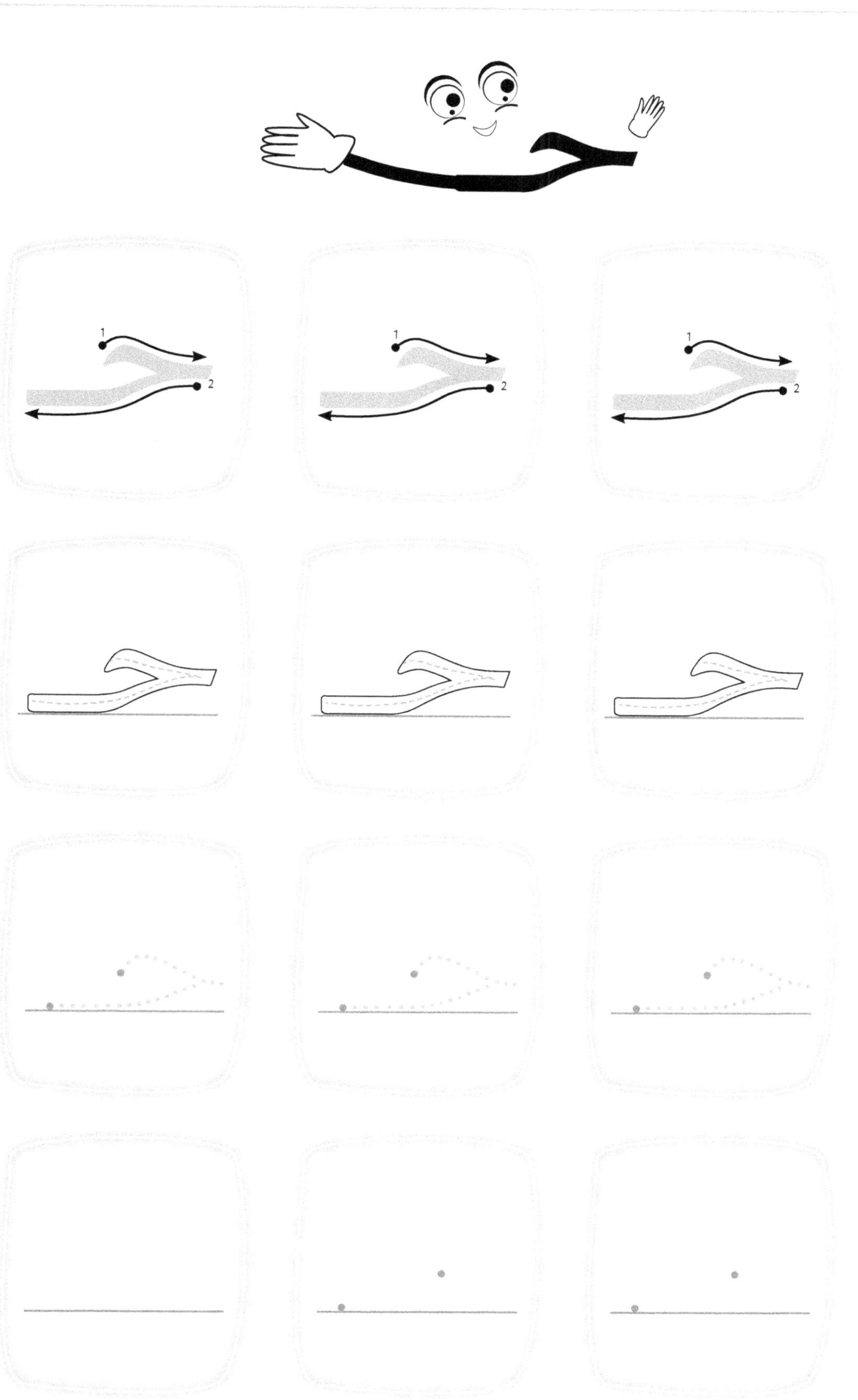

# حَرْفُ الزّاي

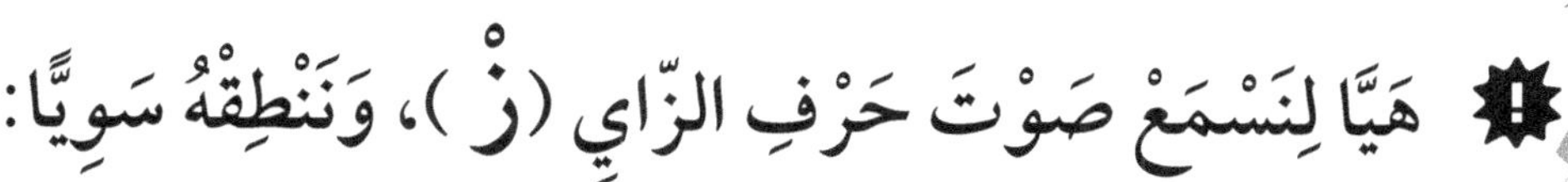

# حَرْفُ الزّاي

❋ هَيَّا لِنَسْمَعْ صَوْتَ حَرْفِ الزّاي (زْ)، وَنَنْطِقْهُ سَوِيًّا:

🎤 لِنُرَدِّدْ مَعًا صَوْتَ الْحَرْفِ (زْ)

❋ مَنْ يُسْمِعُنا صَوْتَ الْحَرْفِ (زْ)؟

❋ أَنْطِقُ اسْمِي وَإذا سَمِعْتُ صَوْتَ حَرْفِ (زْ) أَرْفَعُ يَدِي لِكَيْ أَنْطِقَ اسِمِي أَمَامَ الصَّفّ؟

🔍 أَبْحَثُ عَنْ شَيْءٍ مَوْجودٍ حَوْلِي وَعِنْدَما أَنْطِقُ اسْمَهُ أَسْمَعُ صَوْتَ حَرْفِ (زْ)؟

**1**

أُمَيِّزُ شَكْلَ الْحَرْفِ (ن)، أَنْظُرُ جَيِّدًا لِأَتَعَرَّفَ إِلَيهِ، وَأُعيدُ عَلَيهِ بِلَوْنِي الْبُرْتُقاليِّ

هَيَّا بِنا نَلْعَبْ مَعَ حَرْفِ الزّايِ (ز)، وَنُمَيِّزْهُ عَنْ باقي الْحُروفِ:

**2**

أُشيرُ إِلى الشّاشَةِ الَّتي تَحْوي حَرْفَ الزّايِ (ز)، أَجِدُهُ، ثُمَّ أُلَوِّنُهُ..

**3** أُكَرِّرُ، ثُمَّ أَبْحَثُ عَنْ الْحَرْفِ (ز) الْمُخْتَبِئِ في هذِهِ الصّورَةِ الْجميلَةِ.

**4** أُمْسِكُ بِالزَّرافَةِ الَّتي تَحْمِلُ الْحَرْفَ (ز)، وَأَرْسُمُ لَها خَطًّا كَيْ أُساعِدَها في الْوُصولِ إلى جِذْعِ الشَّجَرَةِ.

ز
و
ز
ر
ر

مِزْمار

خُبْز

ز

مازِن

حَزين

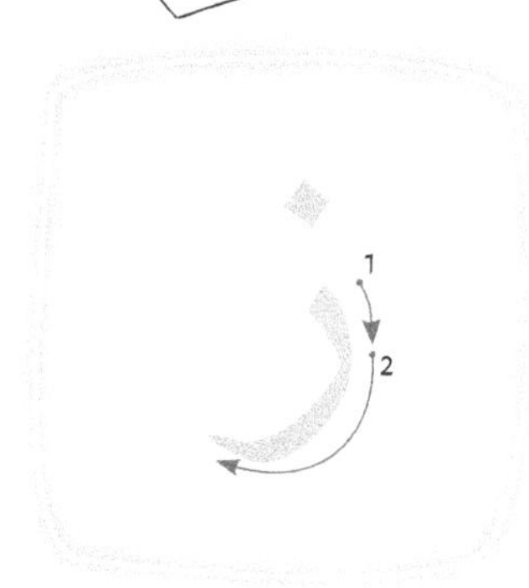

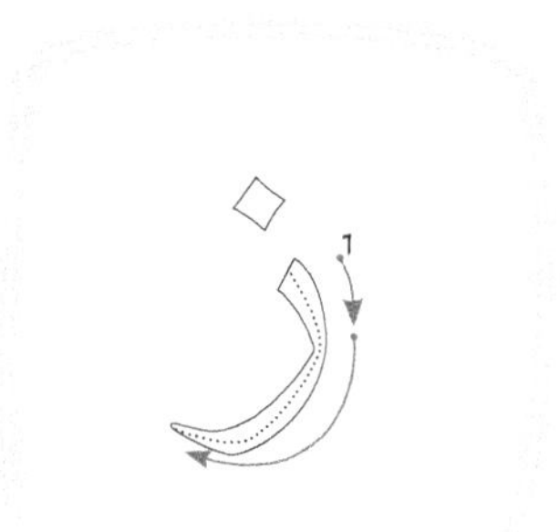

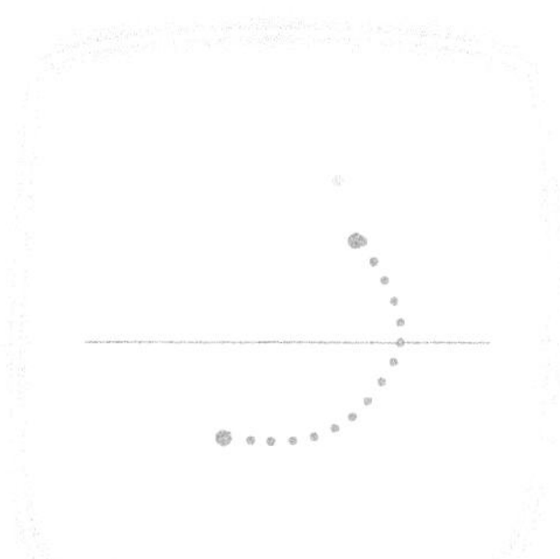

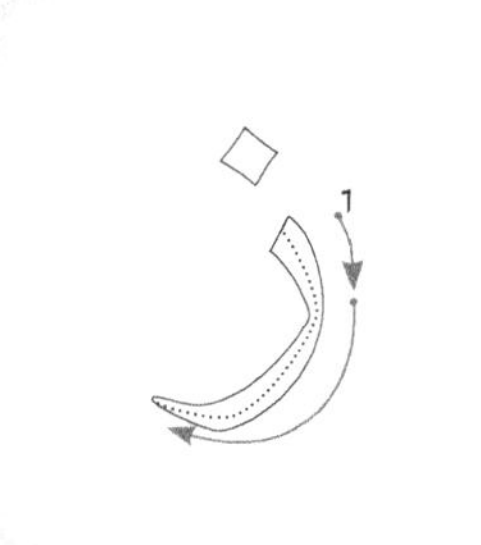

ب ت
ر ب
ت
ب

ت

ب

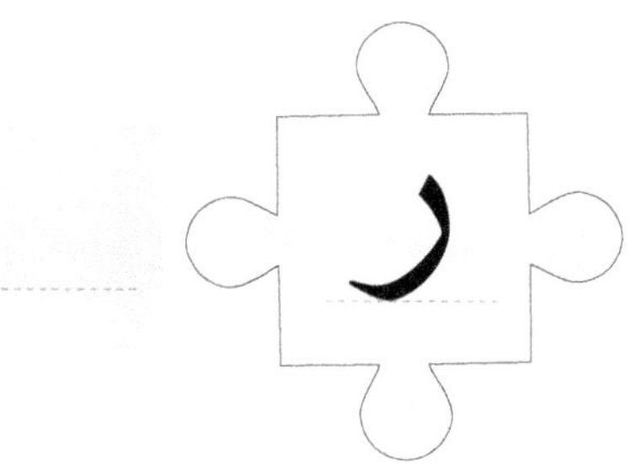

أُكْمِلُ الرَّسْمَةَ ، لِكَي أُعَبِّرَ عَنْ شُعوري بَعْدَ أَنْ تَعَلَّمْتُ خَمْسَةَ عَشَرَ حَرْفًا مِنْ حُروفِ لُغَتي الْعَرَبِيَّةِ ؟

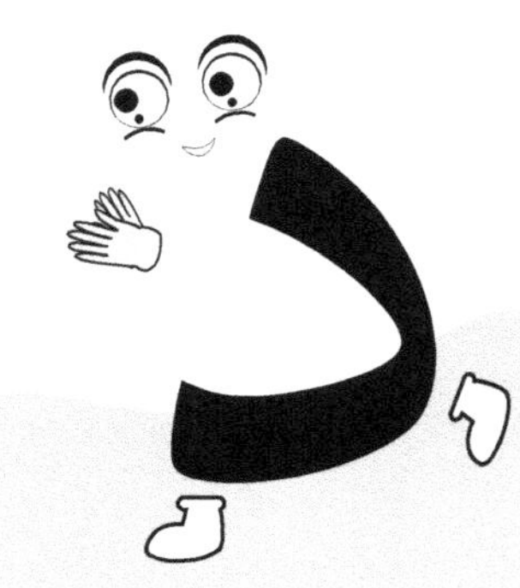

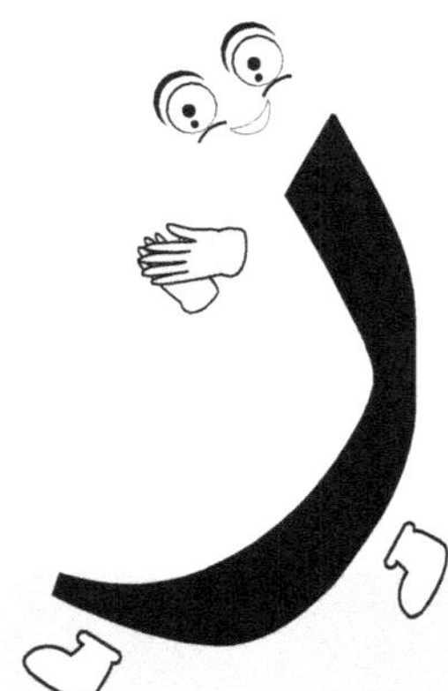

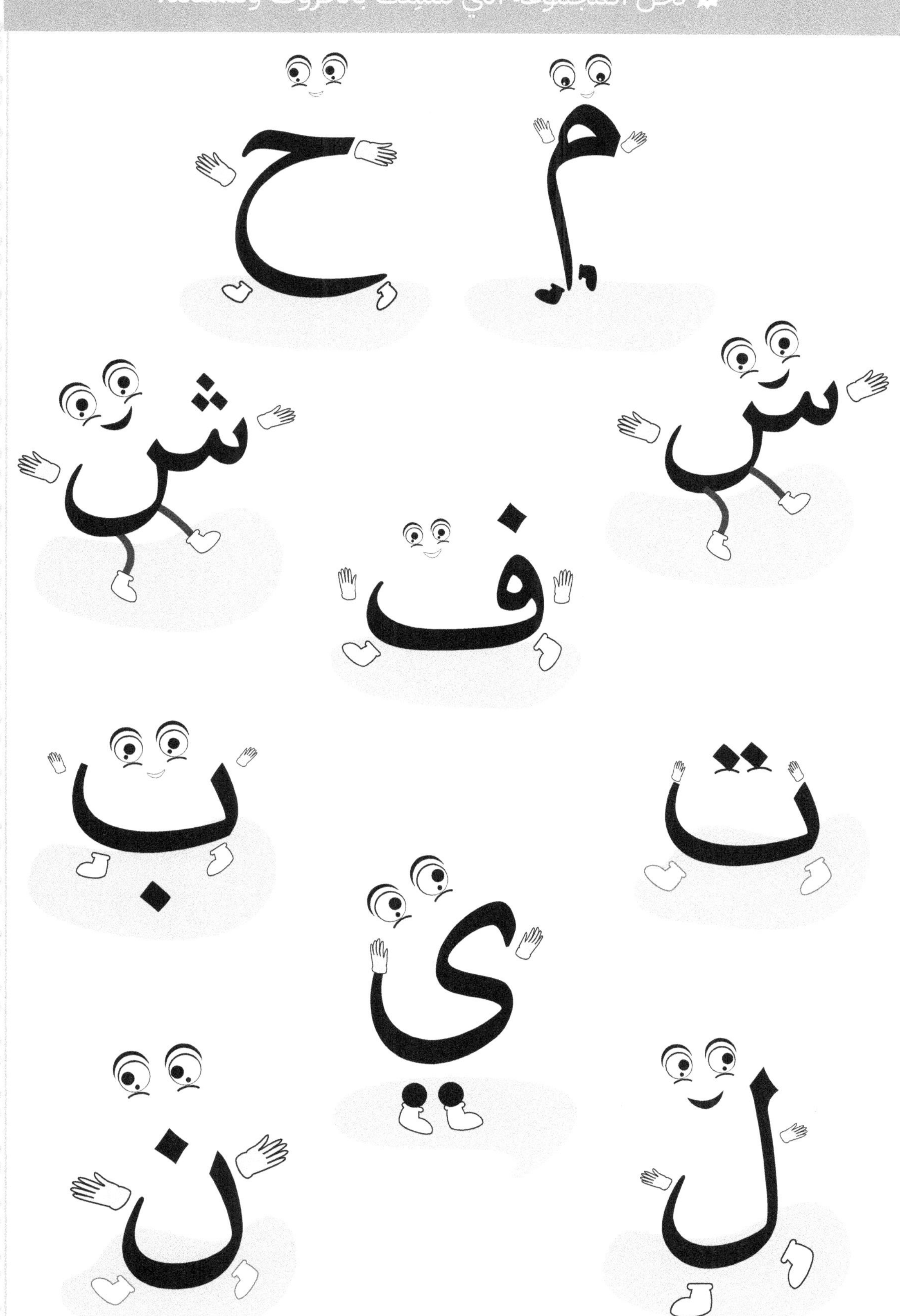

Tanween
تنوين للنشر
ث
ر
ا
ش
س
ف
منة
Manal Yousef
تصميم وتنفيذ ومونتاج
AF263251